André Stern

Die Rhythmen und Rituale unserer Kinder

André Stern

Die Rhythmen und Rituale unserer Kinder

Vom Reichtum, der von innen kommt

Übersetzungen aus dem Französischen
von Irène Maeder

BELTZ

Dieses Buch ist erhältlich als:
ISBN 978-3-407-86661-5 Print
ISBN 978-3-407-86669-1 E-Book (EPUB)

3. Auflage 2024

in der Verlagsgruppe Beltz • Weinheim Basel
Werderstraße 10, 69469 Weinheim

Bildnachweis S. 81,88,106,114,130,148,167 © Anne Loustaunou-Greenberg;
Bildnachweis S. 10,28,37,39,57,66,96,102,117,141,145,153,158 © André Stern
Lektorat: Petra Dorn
Umschlaggestaltung: www. anjagrimmgestaltung.de
Bildnachweis Umschlag Vorderseite: © Emma Kim via Getty Images,
Rückseite: © Marc Bernot
Herstellung: Sarah Veith
Satz: Publikations Atelier, Dreieich
Layout: www. anjagrimmgestaltung.de
Druck und Bindung: Beltz Grafische Betriebe, Bad Langensalza
Beltz Grafische Betriebe ist ein klimaneutrales Unternehmen (ID 15985-2104-100).
Printed in Germany

Weitere Informationen zu unseren Autor_innen und Titeln
finden Sie unter: www.beltz.de

Für Hanna, Sebastian
& unsere Kinder

Inhalt

Ouvertüre

Viel liegt mir daran, in diesem Buch *nicht* all das zu behandeln, was in unserer Weltordnung den natürlichen Rhythmen und Ritualen des Menschen, und im Besonderen den spontanen Rhythmen und Ritualen der Kinder, zuwiderläuft. Die Aufzählung dieser Phänomene überlasse ich anderen, die berufener sind als ich, ihre Weite und ihre Konsequenzen zu erfassen. Ich für meinen Teil ziehe es vor, das Gegenteil zu tun und ganz einfach Geschichten des Vertrauens zu erzählen. Wahre Geschichten, die veranschaulichen, was ganz natürlich entsteht, wenn wir aufhören, das Wesen der Kinder im unsichtbaren Käfig unserer Erwartungen und Vorstellungen gefangen zu halten. Was entsteht, wenn wir ganz einfach aufhören, sie zu erziehen, und wenn wir beginnen, ihnen das Vertrauen zu schenken, von dem wir alle wünschen, dass es uns entgegengebracht wird.

Jedoch werde ich zu Beginn, sozusagen im Vorübergehen, auf vier allgemein verbreitete Gewohnheiten hinweisen, die ganz allgemein dem freien Ausdruck unserer Rhythmen und Rituale Steine in den Weg legen.

1. Unsere Obsession mit Kurvenblättern und Messwerten. Sie beginnt früh in unserer individuellen Geschichte: Bereits im Mutterleib legt sie die ersten Steine quer in den Weg, der zum Vertrauen führt. Sie bringt die meisten Eltern dazu, innerlich den kleinen Fötus zu beschwören, ja brav so zu wachsen, dass seine Kurve beim nächsten Ultraschall mindestens auf dem sakrosankten Durchschnitt liegt, dem 50. Perzentil. So geht es nach der Geburt weiter, über den Umweg der festgelegten Normen sowie der Kohorte von Sorgen, die sie mit sich bringen: Müsste das Kind entsprechend den Wochen seines Alters nicht schon den Kopf heben können? Ist es mit Reden nicht im Verzug? Ist sein Wortschatz groß genug für sein Alter? Oder ist es nicht erstaunlich früh mit Laufen dran? Diese Besorgnisse vereinnahmen und verschlucken regelrecht das Vertrauen in die eigenen Rhythmen und Rituale des Kindes. Statt zu denken, dass das Kind »seinem eigenen Rhythmus folgt«; statt ihm mit einer aufrichtigen Neugier zu begegnen, um zu entdecken, welcher Takt inmitten der unendlich vielen verfügbaren Tempos und Möglichkeiten ihm angemessen ist, patrouillieren die meisten Eltern in der Fachliteratur herum oder lesen in zahllosen Ratgebern über Methoden und Statistiken – sei es nur im Einkaufzentrum, wenn sie in einem Buch schnell bis zu den Informationen über das, was sie gerade aufregt, blättern. Sie durchwandern Internetforen auf der Suche nach Hinweisen, die sie beruhigen sollen und beweisen, dass ihr Kind keine Auffälligkeiten zeigt. Dabei sollten sie sich über diese Auffälligkeiten und Verschiedenartigkeiten freuen. Sie sind keine Probleme, sondern Zeichen von Persönlichkeit.

Denken wir daran, dass Methoden, die darauf abzielen, das Kind in seinen Rhythmen und Ritualen zu steuern (zum Beispiel die ergraute Besessenheit, sein Schlafverhalten organisieren zu wollen), nicht nur die Persönlichkeit des Kindes brechen; sie verbiegen den natürlichen Fluss seines Werdeganges, um es – freiwillig oder mit Gewalt – unter das Joch eines Maßstabes zu zwingen, der von den Bedürfnissen der Erwachsenen geprägt ist.

2. Unsere Obsession mit Kategorien, Schubladen und Stempeln. Auf diese Weise behindern wir den persönlichen Rhythmus eines jeden Menschen: Eine universelle Metapher ist die Notwendigkeit, früh aufzustehen, um in die Schule zu gehen. Wer es nicht tut, wird für den Rest seiner Tage als Faulpelz gebrandmarkt – auch wenn die persönliche Neigung des Kindes deutlich in die Richtung ginge, spät aufzustehen und lange aufzubleiben. (Tatsächlich sind wir Menschen die einzige Spezies, die ihre Kinder ohne Not weckt!).

Die Vorstellung, die Erwachsene davon haben, was Kindheit bedeutet, schreibt einen ebenso willkürlich wie wirksam genormten Rhythmus vor, eine Elle, an der wir das Kind messen, um ihm dann einen endgültigen Stempel aufzudrücken, ohne Rücksicht auf seine wahre Geschichte.

Eines ist »schnell«, ein anderes »ein bisschen langsam«. Fall geschlossen.

Ein Kind ist »eher manuell begabt«, ein anderes »deutlich intellektuell«. Eines ein »Schussel«, ein anderes »schüchtern«. Wenn man uns das lange genug vorsagt, wird es zu unserer offiziellen Natur, an die wir selbst glauben.

Schnellen Rhythmen verleihen wir einen hohen Stellenwert: Wir sind beruhigt, glücklich und sogar stolz, wenn das Kind schneller wächst als der Durchschnitt. Wenn es früher laufen kann als die meisten anderen. Wenn es lesen und schreiben kann, obwohl es noch gar nicht das Alter dazu hat. Zeigt das Kind jedoch ein Verhalten, das uns als »Rückstand« vorkommt, bekommen wir es mit der Angst zu tun. Wir werten gewisse Gebiete auf, in denen ein Fortschritt genehm ist, während wir anderen keine Bedeutung beimessen, weil sie in unseren Breitengraden nicht als wertvoll angesehen werden. Wir sind beunruhigt, weil das Kind noch nicht sprechen kann, und merken nicht einmal, was für einen hervorragenden Orientierungssinn es hat. Wir sind alarmiert, weil es kein Interesse an Lektüre zeigt, und sehen nicht, dass es zum Tanzen geboren ist.

Doch in der Welt des Kindes ist kein Gebiet relevanter als ein anderes.

3. Unsere Obsession mit Ideen und Prozessen, die den großen menschlichen Rhythmen zuwiderlaufen. Zum Beispiel der Versuch, die Mathematik in ein Hirn zu pressen, das dafür nicht bereit ist. Der polnische Neurobiologe Marek Kaczmarzyk[1] beleuchtet in aller Deutlichkeit die Tatsache, dass unser mathematisches Hirn – von wenigen Ausnahmen abgesehen – erst mit ungefähr 10 Jahren aufnahmebereit ist und dass der Zwang, sich *vor diesem Alter* mit Mathematik zu beschäftigen, nur zu einem endgültigen Trauma führen kann. Und damit unweigerlich zum Gefühl einer persönlichen Unfähigkeit: »Ich bin eine Null«, »Das ist nichts für mich« – wie es nicht anders möglich ist, wenn ein Thema aufgegriffen wird, bevor man über das Werkzeug verfügt, mit welchem man es erst verstehen könnte. Leider ist die überwiegende Mehrheit der Kinder – und damit die Mehrheit unter uns – davon betroffen, weil Mathematik lange vor dem 10. Lebensjahr unterrichtet wird (mit der aufrichtigen, aber schädlichen Absicht, den Kontakt mit diesem für die Zukunft wichtigen Instrument so früh wie möglich herzustellen). Die wenigen Kinder, deren Hirn vor dem 10. Lebensjahr bereit ist für die Mathematik, befinden sich in der Gruppe, von der wir behaupten, sie sei »begabt für Mathematik«.

Diese Analyse ist nicht nur falsch, sie ist ungerecht den anderen gegenüber, die für Mathematik genauso »begabt« sein könnten, aber nicht zum selben Zeitpunkt.

4. Zu guter Letzt: *Wir leugnen die Rhythmen der Natur,* indem wir Erdbeeren im Winter essen oder mittels künstlichen Lichts mitten in der Nacht so gut wie am Tag sehen können.

❄

Was die Rituale anbelangt, so werden sie hauptsächlich von zwei Vorstellungen beeinträchtigt: Man will uns mehr oder weniger glauben lassen, es sei notwendig, *Routinen zu vermeiden*, und wichtig, aus der eigenen *Komfortzone* – oder derjenigen des Kindes, das wir erziehen – herauszutreten.

Davon ausgehend, das Kind sei von Natur aus faul und es käme nie voran, würden wir es nicht stoßen, erfindet jeder Methoden, um den kleinen Esel voranzutreiben, ohne dass diese Handhabungen und Maßnahmen sich wirklich von der Karotte oder vom Stecken entfernen. Während es erstaunlicherweise nichts gibt, das ein Kind zurückhalten kann, das vorwärts gehen will, wenn es angetrieben ist von Begeisterung, Neugierde oder einer inneren Notwendigkeit. Deren gemeinsamer Nenner ist, dass sie alle drei höchst persönlich sind.

Das Gefühl von unproduktiver Routine entsteht nur, wenn wir den Sinn dessen, was wir tun, nicht mehr erkennen können: zum Beispiel, wenn von uns verlangt wird, dass wir Multiplikations- oder Konjugationstabellen auswendig lernen, die zum gegenwärtigen Zeitpunkt für uns uninteressant sind und keinen Zusammenhang mit unserem Leben haben. Nicht nur führt dies zum Gefühl der wirklichkeitsfremden Routine und reiht diese unter diejenigen Dinge ein, die in unseren Breitengraden akzeptabel sind (andere haben es schon getan, tun es noch und werden es tun). Zu unserem Leidwesen ersetzt es darüber hinaus unseren ursprünglichen Drang, zu lernen, durch eine unangenehme Erfahrung, die wir in Zukunft lieber vermeiden möchten. Auf diesem Schlachtfeld fällt unser Verlangen, unsere Lust, zu lernen – und das ist ein Verbrechen gegen die Menschheit.

Wir wissen um die ausschlaggebende Bedeutung der Begeisterung[2] für unseren Werdegang. Wir wissen, dass nur die Begeisterung die Genialität wecken kann, die in jedem Kind schlummert, in jedem von uns. Wir wissen um die begrenzte Anzahl der Bereiche, die als der Begeisterung würdig erachtet werden. Und wir wissen, dass es zudem außerordentlich selten ist, dass gerade sie denjenigen entsprechen, die uns zu Genies machen würden, hätten wir den Mut, uns selbst einzugestehen, dass sie uns begeistern. Es ist demzufolge leicht zu verstehen, warum wir die Begeisterung verlieren, wenn uns ständig eingehämmert wird, dass das, was uns begeistert, nicht von Bedeutung sei – wichtig sei vielmehr all das, was uns kaltlässt.

Die Neurobiologie hat bewiesen, dass wir unsere Begeisterung nicht gezielt reduzieren können: Wir können nur unsere generelle Fähigkeit, uns zu begeistern, herunterfahren. Und genauso setzen wir uns der Routine aus und wiederholen inhaltsleer die immer gleichen Bewegungen am unendlichen Fließband der Handlungen und Gedanken, die von uns erwartet werden.

Aus unseren erzieherischen Handlungen und Maßnahmen ergeben sich genau die Passivität und die Routine, vor denen wir unsere Kinder bewahren wollten.

Tun wir hingegen nichts von alledem und lassen zu, dass gegenseitiges Vertrauen wächst, dann stellt sich keine Routine ein, sondern eine Reihe von Rhythmen und Ritualen, die auf dem festen Grund eines bedingungslosen »Ich liebe dich, weil du bist, wie du bist« einen sicheren Hafen bauen. Dieser sichere Hafen ist ein Reich der Ruhe, das sehr darunter leidet, als verwerfliche »Komfortzone« betrachtet zu werden, aus der Eltern ihre Kinder holen sollten.

❊

Das Kind geht fortwährend aus seinem sicheren Hafen hinaus (ohne dabei Unbehaglichkeit zu empfinden, obwohl diese anscheinend notwendig ist, damit wir unsere Glaubwürdigkeit vor den Augen der Welt bewahren), mit einer Beständigkeit, die unsere Bewunderung verdient. Sich aufzumachen in die weite Welt, Neues kennenzulernen ist eine der hervorstechendsten Veranlagungen des Kindes, des menschlichen Wesens überhaupt, die aber nur zum Tragen kommt, wenn es einen sicheren Hafen gibt, in den es zurückkehren kann.

Um zu ermessen, welche Sicherheit Rituale bieten und was das Kind empfindet, wenn es in seinen Ritualen gestört wird (wir verlangen von ihm, dass es die Rituale der Gesellschaft respektiert, treten aber seine eigenen mit Füßen und machen uns so zu einem Vorbild, dem es folgen wird), reicht es aus, uns vorzustellen, wie wir uns fühlen würden, wenn heute morgen beschlossen worden wäre, dass ab nächster Woche die Tage so aufeinanderfolgen: Dienstag, Freitag, Sonntag, Mittwoch, Samstag, Montag, Donnerstag.

❊

Nach diesem kurzen Überblick verlassen wir den Teil der Präambel, der davon spricht, was verstört, behindert, trennt – und nicht nur unsere eigenen Rhythmen und Rituale ersetzt, sondern auch an die Stelle unserer vorwiegend kreativen Natur tritt. Tauchen wir jetzt miteinander ein in die Welt der Kindheit.

Während ich Sie einlade, mir zu folgen, bitte ich Sie, die Perspektive zu wechseln und einen neuen Blick auf die Kindheit zu werfen. Die Wissenschaft gibt uns einen kleinen Schubs. Sie hat sich im letzten Jahrzehnt maßgeblich entwickelt und beleuchtet heute die Welt in manchen Bereichen entgegengesetzt zu früheren Überzeugungen. Nehmen wir zum Beispiel die Natur: Jahrhundertelang wurde sie als gefährlicher Dschungel dargestellt, in dem logischerweise – alle wissenschaftlichen Erkenntnisse zeigten in diese Richtung – das Gesetz des Dschungels herrschte: Wettbewerb, Konkurrenz und das Überleben der Stärksten. Seit einigen Jahren stellt die Wissenschaft jedoch fest, dass die Wahrheit anderswo zu suchen ist. Die Bäume bekämpfen sich nicht, sie helfen sich gegenseitig. Sie ersticken die Kleinsten nicht, indem sie ihnen das Sonnenlicht vorenthalten, sondern nähren sie über die Wurzeln. Das tun sie auch, wenn einer von ihnen, ein alter Baum, zur Fotosynthese nicht mehr fähig ist, was ohne die radikale Unterstützung der umstehenden Bäume zum Tod führen würde – eine Art solidarische Transfusion, eine uralthergebrachte Dialyse[3]. Und wird ein Baum bedroht von einem gefräßigen Käfer, senden seine Nachbarn den Duft aus, der genau den Vogel anzieht, der diesen Käfer frisst. Sie ernähren den Vogel und retten ihren Artgenossen. Ohne zu vernachlässigen, dass das Überleben jedes Einzelnen dieser Riesen vom Austausch mit den Mikroorganismen am Boden abhängt, die ihn mit Nährstoffen versorgen – zum Beispiel mit Magnesium – als Gegenleistung für den Zucker, den er für sie produziert. Der Baum bietet den Bienen einen Lebensraum und bedient sich ihrer als domestizierter Bestäuber; er nährt die Vögel mit seinen Früchten und zählt darauf, dass sie seine Samen verbreiten.

All diese und viele weitere Entdeckungen werfen ein völlig neues Licht auf die Welt: Das Gesetz des Dschungels besteht aus Symbiose, Synergie und Solidarität. Welch eine Erleichterung! Welch eine Befreiung von der Notwendigkeit, uns als Raubtiere zu definieren, unsere Welt als Kriegsschauplatz zu begreifen und unsresgleichen als Konkurrenten! Es ist kein Zufall, dass wir in uns eine Nostalgie nach einer symbiotischeren, synergetischeren und solidarischeren Welt tragen.

Was wir über die Kindheit zu wissen glaubten, hat sich gleichermaßen und im gleichen Zeitraum – dem letzten Jahrzehnt – weiterentwickelt. In denselben früheren Jahrhunderten wurde die Kindheit als ein primitives Stadium angesehen, der »Nullpunkt« der menschlichen Entwicklung. Und wir waren überzeugt, dass wir dem Kind helfen müssen, zu wachsen, damit es eine nach der anderen die Stufen erklimmt, die zur Spitze führen, zum Kulminationspunkt der menschlichen Entwicklung: dem Erwachsenenalter.

Doch auch darauf wirft die Wissenschaft ein völlig neues und komplett anderes Licht. Es ist ganz einfach: Welche Potenziale zu unserem Überleben unentbehrlich sind, hängt jeweils von der Umwelt und dem Zeitalter ab, in denen wir leben, während unsere genetischen Programme seit Jahrtausenden dieselben sind – ob wir vor 20 000 Jahren auf dem Packeis der Eiszeit geboren wurden oder in 200 Jahren inmitten einer dürren Wüste das Licht der Welt erblicken werden. Da unsere genetischen Programme unmöglich wissen können, wann und wo wir zur Welt kommen, haben sie uns ganz einfach mit allen nur möglichen Potenzialen ausgestattet, damit sich in diesem Überfluss mit Sicherheit auch diejenigen Potenziale finden, die notwendig sind, damit wir überleben.

Diese Erkenntnis verleiht dem Kind einen ganz neuen Status: Jedes Kind ist eine wahre Potenzialbombe. Ein Kind kann alles werden, was menschenmöglich ist, und es kann alles lernen, was der Mensch lernen kann. Doch unmittelbar nach der Geburt fängt eine regelrechte Verblutung an: Die Potenziale, die nicht abgerufen werden, weil sie in der spezifischen Umgebung nicht gebraucht werden, gehen ein und machen denjenigen Platz, die für das Leben in gerade dieser Umgebung nützlich sind. Während der ersten Monate unseres Lebens werden unsere Potenziale in alle Winde zerstreut und gehen zu Tausenden verloren.

Was bleibt nach dieser drastischen Auslichtung? Ein erwachsener Mensch. Betrachten wir die Potenziale, so ist der Erwachsene, der sich bis jetzt selbst als die Krönung der menschlichen Entwicklung sah und sich auch entsprechend positionierte, nur noch der Schatten dessen, was er hätte werden können. Die Bonsaiversion. Sieht er aber ein Kind vor sich, so steht er einem Riesen gegenüber. Vor einem Riesen der Potenziale, vor dem einzigen Hüter all dessen, was wir werden und lernen können.

Diese Feststellung bringt eine neue Erkenntnis mit sich: Die Zeit ist gekommen, Kindern anders zu begegnen.

Die Welt ist Rhythmus.
Der Rhythmus der Natur, der Rhythmus des Universums.
Auf den Tag folgt die Nacht.
Mondphasen. Jahreszeiten.
Orbitalresonanzen: In der Zeit, die Saturn braucht, um die Sonne zweimal zu umkreisen, umkreist sie Jupiter genau dreimal. Musik ist universell, weil sie Rhythmus ist. Wie Tanz.

Rhythmen und Rituale

Wie fast jeden Tag drückt Benjamin mit diesem besonderen Elan seines ganzen Körpers deutlich den Wunsch aus, in den Kindersitz unseres Fahrrades gehoben zu werden, und macht klar, dass die Stunde gekommen ist, um die vier Kilometer zurückzulegen, die uns von der Nationalstraße trennen.

Wir gehen dorthin, um die Autos vorbeifahren zu sehen, vor allem die Lastwagen. Man sieht sie von Weitem, wie sie die lange, gerade Strecke hinauffahren. Nichts ist ansteckender als Begeisterung, vor allem die Begeisterung eines Kindes. Es klatscht in die Hände, hüpft vor Freude, und wenn der große, mächtige und so konkrete Lastwagen vorbeifährt, ist es starr vor Begeisterung – und der Fahrer begreift und lächelt. Ich weiß, dass die Lastwagenchauffeure per Radio miteinander kommunizieren und sich gegenseitig darauf aufmerksam machen, dass bei Kilometer soundso, bei der Bushaltestelle, ein Vater und sein kleiner Bub den Lastwagen zuschauen, wie sie vorbeifahren. Und sie, Einsame auf langen Strecken, unbekannte Arbeiter der Straße, die keiner sieht und noch weniger anerkennt, fühlen sich plötzlich willkommen, bewundert, geschätzt. Sie grüßen uns mit der Hand, einige beschränken sich darauf, die Finger zu heben und die Handballen auf dem Steuerrad zu belassen, andere hupen kurz, wenn das imposante Fahrzeug dröhnend an uns vorbeifährt und wieder anonym wird, während es sich entfernt.

Dank Benjamin habe ich diese Stunden schätzen gelernt, habe

gelernt, mir die Zeit eines Kindes zu nehmen, die oft sehr lang sein kann. Ich spüre den Wind, die Wirbel, die noch lange anhalten, nachdem der Lastwagen vorbeigefahren ist, ich höre die Geräusche, ab und zu auch ganz weite, wenn es gerade eine größere Lücke zwischen den Fahrzeugen gibt. Ich höre die sich verändernde Höhe des Geräusches eines Motors, der näher kommt, eingekeilt zwischen dem Geräusch der Luft und demjenigen der Reifen; ich nehme den Schrei der Raben wahr und das leise Knacken der Insekten.

Benjamin, der zwei Jahre alt ist und gerade zu sprechen beginnt, sagt unvermittelt: »Fertig Auto, fertig Lastwagen, holen Mama!« Also setze ich unser Fahrrad wieder in Bewegung, wir machen uns auf den Heimweg. Heute nehme ich nicht die Abkürzung über die Schotterstraße und den Parkplatz, sondern folge ein paar Meter der Nationalstraße und fahre um den Parkplatz herum. Zur Abwechslung, diese Idee eines Erwachsenen. Sie gefällt Benjamin aber überhaupt nicht, er schreit, weint beinah: »Mama ist dort!« Er dreht sich vehement um und zeigt hinter sich auf den Weg, den wir gewöhnlich nehmen. Ich begreife, dass es keine gute Idee war, und kehre um; verstehe, dass das Verhalten von Benjamin nichts mit Trotz zu tun hat, dass er nicht »befehlen« will, sondern schlicht und einfach ein Ritual zu Ende führen muss.

Das Ritual. Mit den Rhythmen zusammen strukturiert es die Kindheit. Die Rituale geben Sicherheit, Geborgenheit, sie festigen und sind der Ruhepunkt, von dem aus das Kind Anlauf nehmen kann für das großartige Abenteuer, jeden Tag aufzubrechen zur Entdeckung neuer Horizonte. Abkürzungen und Ausnahmen sind störende Elemente, sie sind nicht willkommen und machen manchmal Angst.

Wir legen zwei Drittel des üblichen Wegs zurück, von dem Benjamin jeden Meter genau kennt. Wir kommen zum Punkt, an dem die Straße auf die Weide trifft, wo Esel, Kühe und Stiere weiden. »Da, da, da!«, schreit Benjamin, was heißt, dass er anhalten will. Wir gehen so nah wie möglich zum Zaun und die Tiere nähern sich uns ruhigen und gemessenen Schrittes und bilden einen Halbkreis, in dessen Zentrum das Kind steht, und dazwischen nur der Zaun.

Kinder und Tiere verbindet eine angeborene Nähe. Die Tiere kommen zu den Kindern, die Kinder gehen zu den Tieren.

In den Tieren sehen sich die Kinder wie in einem Spiegel. Erinnern Sie sich? Kinder erkennen in den Tieren, in ihrem Blick und ihren Bewegungen, diese Unschuld und Loyalität, Kraft und Verletzlichkeit, Liebe und Angst, die sie selbst empfinden. Tiere und Kinder teilen die Fähigkeit, uns direkt im Herzen zu erreichen.

Tiere schauspielern nicht, sie sind. So wie die Kinder sind, wenn sie Pilot, Feuerwehrmann oder Müllmann spielen. Sie sind ihr Spiel.

Benjamin hat eine Vorliebe für die pflanzliche Milch einer bestimmten Marke. Diese Milchtüte gehört dazu, seit er Gegenstände wahrnehmen kann. Heute gerät seine Welt aus den Fugen, der Horizont ist verschwommen, verwirrend, verstörend. Die Marke hat das Design der Milchtüte verändert! Pauline, seine Mutter, erklärt ihm, dass die Farben dieselben sind, dass das Logo unverändert ist. Sie vergleicht jedes einzelne Element mit demjenigen auf der alten Milchtüte, erklärt, dass der gleiche Name auf der Tüte steht, und vor allem, dass der Inhalt genau derselbe ist, aber Benjamin lehnt diese Milch strikt ab. »Nein danke, nein danke: die Milch!«, sagt er und zeigt auf die alte Milchtüte.

Nur wenn der Heimathafen in Ordnung ist und dadurch Sicherheit bietet, macht sich das Kind voller Freude und Neugier auf, zu entdecken, was unbekannt und somit bereichernd ist. Wenn der Heimathafen versagt, erstarrt das Kind. Und riskiert dabei – Gipfel des Missverständnisses! – mit der Bezeichnung »starrköpfig« belegt zu werden.

Immer erwartet das Kind, schon bald ein Teenager, dass ihm nicht nur eine Tasse heiße Schokolade zubereitet wird (immer die Gleiche, wenn möglich), sondern auch seine vier Schnittchen. Bevor die vier Butterbrotscheiben auf dem Teller liegen, fängt es mit dem Frühstück nicht an. Da sie aber nur paarweise getoastet werden können, muss es halt ein bisschen warten. Und dabei den unwiderstehlichen Duft der Schokolade einatmen, vermischt mit dem Duft der ersten beiden Schnittchen, die gerade aus dem Toaster kommen, auf denen die Butter schmilzt … Aber es rührt nichts an, bevor das Quartett vollständig ist, die vier Schnittchen fertig, getoastet und gebuttert.

Um zwischen zwei nahe gelegenen Standpunkten zu wechseln, zieht der Fahrer an diesem Tag sein Auto zehn Meter vor und lässt dabei die eine Tür offen: Das Kleinkind, das hinten sitzt, schreit heftig, voller Sorge und auch voller Verantwortungsgefühl (auch wenn dieses den Kindern meist abgesprochen wird): »Papa, Papa! Die Tü'e, die Tü'e!«

Diese Reaktion angesichts eines Rituals, das nicht eingehalten wird – dass die Tür geschlossen sein muss, wenn das Fahrzeug sich in Bewegung setzt –, zeigt überdeutlich und sogar für uns fassbar, wie sehr dieser Bruch für das Kind das Ende der Sicherheit bedeutet.

Ein Hochzeitsessen. Das Kind ist etwas mehr als drei Jahre alt. Der Saal ist groß und würdevoll, voller Gäste, die sich an großen Tischen niedergelassen haben, gedeckt mit Gläsern, Tellern, Besteck, Speisen, Karaffen, Flaschen, Blumen, Vasen, Mandeldragees, Kerzen und anderen festlichen Dekorationen. Die Stimmung ist gleichzeitig gedämpft und angeregt, die Gäste strahlen Freude aus und das Personal ist geschäftig.

Das Kind macht mit kleinen Schritten die immer gleiche Runde, unermüdlich, läuft Slalom zwischen den verschiedenen Hindernissen, kollidiert nie mit einem Kellner und folgt unentwegt der gleichen Spur. Man sieht es kaum, es ist noch so klein, dass sein Kopf die Reihen der geladenen Gäste nicht überragt, man sieht es höchstens zwischen den Stühlen auftauchen. Die Hochzeit ist in vollem Gange, das Kind ist schlicht Teil der Landschaft. Es läuft pausenlos, wird nicht müde, hält nicht inne, sein ganzer kleiner Körper ist in Bewegung. Zwischen den Stühlen – die unregelmäßig verteilt sind und an deren Lehnen Jacken hängen –, und der Mauer aus unverputztem Stein bewegt es sich mit eindrücklicher Präzision. Es schleicht sich durch, ohne jemals an irgendetwas anzustoßen, weder auf der einen noch auf der anderen Seite.

Diese Runden sind sein Ritual dieses Abends. Schlagen wir ihm vor, zu essen oder zu trinken, setzt es seine Runden fort, mit einem Lächeln, aber ohne die Absicht, anzuhalten.

Die Erwachsenen in unseren Breitengraden haben Angst, die Wiederholung des immer gleichen Spieles, der gleichen Tätigkeit, der gleichen Runde werde eintönig für das Kind. Sie schlagen also »Varianten« vor oder regen an, »etwas anderes zu tun«, damit es sich nicht langweile. Ist das nicht eher die eigene Unbeständigkeit, die Erwachsene damit ausdrücken? Nach drei oder vier Wiederholungen sagen sie oft: »Komm, das reicht, wir machen das jetzt ein bisschen anders, sonst wird es langweilig.« Aber war es so für das Kind? Hat das Kind nicht damit angefangen, um lange fortzufahren, immer wieder von Neuem, ohne Verfallsdatum am Horizont? Sehen wir nicht, wie es seine kleinen Schultern hängen lässt, wenn es mitten in seinem Schwung gebremst wird? Geben wir uns keine Rechenschaft, wie es innerlich leicht zurückweicht ob der Enttäuschung, die wir ihm als Vorteil verkaufen wollen?

Dem Kind wird erst langweilig, wenn wir seine Rhythmen und Rituale unterbrechen, ob es diejenigen der Stunde, des Tages, des Monats oder eines ganzen Lebens sind. Unterbrochen, zu »seinem eigenen Vorteil« abgelenkt von seinen Rhythmen und Ritualen, vermisst es sie mehr oder weniger bewusst und widmet sich aus Loyalität der Tätigkeit, die man ihm vorschlägt. Es empfindet dabei aber vor allem die Leere, die sich einstellt, wenn es nicht mehr machen kann, was ihm am Herzen lag.

Er ist ein kleines, fröhliches und sonniges Kind, das in einer bindungsorientierten, vertrauensvollen und sicheren Umgebung aufwächst. Gestillt, herumgetragen, von den Eltern massiert, im Familienbett schlafend, kennt es die Verzweiflung nicht, die entsteht, wenn eines der Bedürfnisse nicht verstanden wird, die es selbst noch nicht befriedigen kann.

Demzufolge weint dieser lebhafte Bub praktisch nie. Höchstens ein paar Augenblicke, wenn er sich weh getan hat.

Heute war viel los um ihn herum. Tag der offenen Tür, viele sind gekommen, ein Rattenschwanz neuer Gesichter und neue Orte waren zu entdecken, unbekannte Geräusche, ein Vortrag am Abend, das war unglaublich aufregend und es hat ihm gefallen. Er liebt es, Neues zu entdecken.

Doch heute Abend, wieder zu Hause zum Abendessen im kleinen Kreis, fängt er plötzlich heftig an zu weinen, Verzweiflung macht sich auf seinem Gesicht breit. Eltern und Gäste sind alarmiert: Was könnte er haben? Sein Papa nimmt ihn in die Arme, doch er weint weiter und legt eine Verzweiflung an den Tag, die umso »beunruhigender« ist, als sie keinem Bedürfnis zu entsprechen scheint, das vernachlässigt worden wäre. Er friert nicht, hat weder Hunger noch Durst und muss sich nicht erleichtern, er hat sich weder gestoßen noch geschürft ... Hat er einen inneren Schmerz, hat er Angst? Alle Möglichkeiten werden rasch überdacht. Viele würden anfangen, von einer Trotzreaktion zu reden, einem Wutanfall, vom Bedürfnis, Aufmerksamkeit zu fordern, weil er gewohnt ist, im Mittelpunkt zu stehen, und an diesem Abend den Gästen ein Teil der Aufmerksamkeit geschenkt wird.

Natürlich ist es nichts von alledem.

Die überraschende Antwort ist in seinen Augen zu lesen, die er einerseits einsetzt wie ein Fenster zu seinen Emotionen und andererseits wie einen Zeiger auf das, was die Emotionen auslöst. Ein Ritual wurde ohne Vorwarnung abgeändert. Einer der Gäste sitzt auf dem Platz seines Vaters. Der sichere Hafen, dessen Unveränderlichkeit Sicherheit vermittelt und dadurch erlaubt, auf Neues und Unbekanntes zuzugehen, ist gerade selbst neu und unbekannt geworden. Ein Abgrund für das Kind.

Der Gast und der Vater tauschen die Plätze. Alles hat wieder seine Ordnung. Das Kind hört fast sofort auf zu weinen. Sein Blick versichert sich noch eine Weile, ob der Faktor, der Angst ausgelöst hat, verschwunden ist. Die Tränen trocknen. Es lächelt wieder. Sobald der Heimathafen wieder seine Aufgabe erfüllt, kann sich das Kind wieder der Außenwelt zuwenden. Es beginnt erneut, sich für die Gäste zu interessieren, sucht ihren Blick und lächelt ihnen zu.

Ganz eindeutig mag Benjamin Routenänderungen nicht ... Heute sind wir zu dritt im Auto, um meinen Vater zum Bahnhof zu bringen, wie jeden Mittwoch. Statt wie üblich direkt zum Bahnhof zu fahren, zweigen wir nach rechts ab, um noch rasch einen Einkauf zu erledigen. Zu meinem immer wieder großen Erstaunen kennt, erkennt und verfolgt Benjamin sehr genau das Stück Fahrstrecke, das er durch sein Fenster jeweils sieht. Es fällt ihm sofort auf, dass wir den üblichen Weg verlassen haben, und er protestiert lauthals. Er dreht sich um in die Richtung, die wir hätten nehmen sollen, wirft seinen Arm, sein ganzes Wesen ihr entgegen, und schreit: »Dort, nein danke, dort!« Ich versuche, ihn vom Fahrersitz aus zu beruhigen, ihm zu verstehen zu geben, dass es sich nur um einen Umweg handelt und wir die Züge am Bahnhof bald sehen werden. Er ist untröstlich und fängt an zu weinen, ergibt sich seiner Machtlosigkeit, der Ohnmacht, die der Mensch manchmal verspürt, öfter noch, wenn er ein Kind ist. Um das Gefühl nachzuvollziehen, reicht es aus, vom Hintersitz eines Autos aussteigen zu wollen, wenn die Kindersicherung eingeschaltet ist und wir warten müssen, bis uns jemand von außen die Tür öffnet.

Ein durch die Mutter und ihr Kind entwickeltes Spiel. Sie gehen die Treppe der Rutsche hinauf. Schauen sich an, tippen sich auf die Nasenspitze, reiben sich die Ohren – großes Lachen – machen »Pfff« mit den Lippen. Das Kind dreht das Lenkrad hinter der Mutter, setzt sich vor sie. Eine Liebkosung, ein Küsschen, Anlauf nehmen, hinunterrutschen. Und dann beginnt alles von Neuem. Nach drei Wiederholungen ist es schon ein Ritual, und jedes seiner Elemente ist unabänderlich geworden.

Tags darauf gehen sie wieder zur Rutschbahn. Selbstverständlich setzt das Kind unverzüglich das Spiel, das Ritual, in Gang. Die einzelnen Etappen und ihre Reihenfolge sind in seinem Geist festgeschrieben, auch wenn sie komplex sind. Es kann sich besser erinnern als seine Mutter, und wenn die Mutter etwas »falsch« macht oder eine der Etappen überspringt, die gestern festgelegt worden sind, wartet es unbeweglich mit fragendem Blick. Jede dauerhafte Veränderung dieses Spiels, dieses Rituals, käme dem Kind unlogisch, unverständlich und ungerecht vor. Als das Kind innehält, erinnert sich die Mutter, was sie an dieser Stelle hätte tun sollen. Sie lacht und sagt: »Ah ja, stimmt!«, und versichert ihm damit, dass seine Erwartung richtig war. Sie reiht die Perlen der virtuellen Kette wieder richtig auf und irrt sich nicht mehr in der programmierten Reihenfolge. Das Spiel nimmt wieder seinen Lauf, wie ein Fluss in seinem Bett, mit seinen genauso stetigen wie auch unmerklichen Veränderungen ...

Das Kind ist zwei oder drei Jahre alt. Eines seiner täglichen Rituale an diesen Frühlingstagen führt es zur Brücke über den Bach am Ende des Weges. Es geht, so schnell es kann, mit seinen gelben Stiefelchen. Mehr als ein halber Kilometer ist zurückzulegen. Unterwegs sammelt es alle Ästchen, die es finden kann. »Steck-'en«, sagt es jedes Mal und lächelt.

Bei der Brücke angekommen, hebt es die Arme, sagt: »'chtung, 'chtung« und lässt die Ästchen auf der einen Seite der Brücke ins Wasser fallen, verfolgt ihren Fall aufmerksam. »Steck-'en weg!«, sagt es und eilt gestiefelten Schrittes auf die andere Seite, um auf sie zu warten, und fragt: »Steck-'en wo? Steck-'en wo?« Und sobald die Ästchen wieder zum Vorschein kommen, schreit es mit unablässig wiederkehrender Begeisterung: »Ah! Steck-'en da! Steck-'en da!!!«

Hundertmal. Tausendmal. Ohne des Spiels überdrüssig zu werden. Ohne etwas anderes zu wünschen, ohne sich nach Veränderung zu sehnen, wie es die zerstreuten Erwachsenen pflegen.

Kaum hat es den Ästchen zugeschaut, wie sie sich zwischen den von Algen bedeckten Hindernissen entfernen, muss es schon wieder auf die Jagd nach weiteren Ästchen gehen. Da es die Umgebung in den vergangenen Tagen schon leer geplündert hat, findet es in der Nähe kein Ästchen mehr, es muss immer weitere Kreise ziehen, um noch fündig zu werden.

Es setzt sich entschlossen in Bewegung, nimmt, soviel es kann, in die kleinen Hände, ab und an große und schwere, verzweigte Äste, die sich überall verhaken im Gras am Wegrand, aber nichts, keine Anstrengung, um sie aus den Büschen zu zerren, kein weiter Weg, keine abschüssige Stelle, keine Atemlosigkeit, bremst das begeisterte Kind. Es geht dermaßen auf in seinem Ritual, es ist diesem gegenüber so integer, dass nichts es davon abhalten kann, weder zehn Minuten Marsch im raschen Trab noch die nassen Füße in den Stiefeln voller Wasser, noch der Wind, die Kälte oder der Regen. Aus seiner Sicht geht es um die Ordnung der Welt.

Ein Kind findet es nicht unerträglich,
mit nur einem Schuh zu laufen,
mit einem geschützten und einem
ungeschützten Fuß, sei es im
feuchten Gras, im Schlamm oder
auf Kies. Seine Hingabe gilt
dem Ziel, das zu erreichen ist, und
gleichzeitig dem Augenblick,
dem gegenwärtigen Zustand.
Wichtig ist nur, zu laufen.

Das Kind hat zwei Spielzeugautos geschenkt bekommen, Freunde haben sie ihm gebracht. Eines ist grau, das andere rot. Es hat sie genommen, eines in die linke Hand, das andere in die rechte. Es kann sie kaum umfassen mit seinen kleinen Händen und rechts und links ragen sie hinaus.

Sechs Tage lang lässt es die Autos nicht mehr los. Weder zum Schlafen noch zum Essen, weder unter der Dusche noch im Bad, nicht einmal auf der Rutschbahn. Manchmal spielt es mit ihnen, lässt sie vor seinen Augen fahren und kreuzen, den Kopf zur Seite geneigt, die Autos auf Augenhöhe auf dem Tisch. Meist hält es sie einfach in den Händen. Fällt eines herunter, beim Anziehen oder wegen einer schnellen Bewegung, schreit das Kind voller Schrecken »Auto, Auto, Auto!«, bis es sie wieder aufgelesen hat.

Am Anfang *ist* die Sprache ein Ritual. Eine Kombination von hochrituellen Lauten, werden sie doch von allen auf die gleiche Weise ausgesprochen, um die immer gleichen Handlungen, Objekte oder Empfindungen zu begleiten.

Wenn ich »wasserbitte« sage und dazu lächle, schenkt man mir zu trinken ein. Ein Ritual. Ein Laut, der eine Handlung auslöst. Der Laut hat keine Orthografie, keine Bedeutung, keine Etymologie, aber die Antwort ist immer dieselbe. Erscheint ein bestimmtes Tier, besteht die rituelle Übereinkunft, es unabänderlich mit dem Laut »kazze« zu begleiten. Und dieses bestimmte Material wird immer vom Laut »plastilin« begleitet, und wenn ich diesen Laut von mir gebe, bringt man es mir zum Spielen.

Wenn ein Kind, das besonders aufmerksam alles verfolgt, was im Flugzeug passiert, das Wort »Turbulenzen« ausspricht, handelt es sich um einen Namen, den es einer ganz bestimmten Empfindung gibt, dem es Bedeutung zumisst. Es sieht das sprachliche Bild nicht, das im Erwachsenen aufsteigt, das Bild der Luftströme, die das Flugzeug schütteln: Es sieht nur einen Zusammenhang zwischen einer Empfindung und dem Namen, den man ihr regelmäßig gibt.

»Herbie wo?«, fragt das Kind, wenn es von seinem Auto spricht, einem kleinen Modell des VW Käfer in den Farben von Herbie, dem berühmte Kinohelden. Mit diesen wenigen Worten beginnt eine ganze Serie von unabänderlichen verbalen Elementen, die es jedes Mal zusammenstellt und aneinanderreiht, wenn es gerade auf der Suche nach einem Gegenstand oder einer Person ist: »Mama wo?«, »Katze wo?«.

Wenn wir beim Beispiel seines geliebten Autos bleiben, lautet der vollständige Satz: »Herbie wo? Ihn 'uchen! Aaaah, da!«. (Wo ist Herbie? Gehn wir ihn suchen! Ah, da ist er ja!) Dieser Satz, den das Kind auch ausspricht, wenn es genau weiß, dass das Auto im Zimmer nebenan liegt, stellt ein Ritual dar und veranschaulicht uns: Innerhalb dieser Module, die auf die immer gleiche Weise zusammengesetzt werden und nichts Überraschendes haben, fühlt sich das Kind wohl, bewegt sich auf sicherem Boden, läuft keine Gefahr, ist glücklich, zu verstehen und verstanden zu werden. Es hat nicht die Absicht, davon abzuweichen, denn jede Abweichung käme ihm wie eine Verstümmelung vor, die es verunsichern würde.

Dieser Mechanismus der Implantation, der Verwurzelung, den solche Rituale während des Erlernens der Sprache darstellen, drückt sich manchmal in extrem kleinen Details aus, die kaum wahrnehmbar sind. Das Kind, von dem die Rede ist, hat den Ausdruck »danke vielmals« entdeckt. Dieser Ausdruck wird zu seinem Ritual durch die Art und Weise, wie es »vielmals« ausspricht, und durch ein kleines Zeichen, das es jeweils am Ende setzt, das unbemerkt bleiben könnte. Das Kind macht eine Pause zwischen »viel« und »mals« und verlängert ein wenig den letzten Vokal: »Danke viel…maaaals«, dann stößt es einen kleinen Laut aus, eine Mischung von Lachen, Kratzen im Hals und strahlendem Lächeln, und das lässt es niemals aus. Ein vollständiges Ritual, mehr oder weniger versteckt in einem Satz unter vielen anderen.

Machen wir uns bewusst, dass wir eine gesellschaftliche Tendenz haben, unsere Rituale als verwerfliche und peinliche Gewohnheiten zu betrachten, für die wir um Entschuldigung bitten, die wir genauso herunterspielen wie rechtfertigen: »Ach, wissen Sie, ich habe da so meine kleinen Gewohnheiten und bin ein wenig verloren, wenn ich mich nicht daran halten kann …«, oder: »Ich habe da so meine kleinen Zwänge, möchte, dass die Dinge in einer bestimmten Weise ablaufen«, oder: »Keine Ahnung, warum ich das immer so und nicht anders mache …«

Wie so oft ist das noch viel schlimmer, wenn es um unsere Kinder geht. Wir machen uns über ihre Rituale lustig oder versuchen, sie ihnen auszureden unter dem Vorwand, dass sie lernen müssen, ihre Gewohnheiten zu ändern.

Karting

»Es macht mir zu schaffen, er bleibt ein bisschen zu weit drinnen beim Ausgang der letzten Kurve«, sagt Jean-François; »dann korrigiert er mit dem Lenkrad, so verliert er auf jeder Runde zwei Zehntel.«

Wenn Jean-François sagt, dass es ihm zu schaffen macht, dann deshalb, weil er wirklich betroffen ist. Er überlegt nicht, wie hoch sein Engagement ist, er passt es nicht irgendwelchen Parametern an. Er verhandelt nicht mit seinem Sachverstand. Sobald jemand einen Rennwagen fährt, beobachtet er, taxiert, misst, spürt alles, was abläuft. Sieht er, dass etwas verbessert werden könnte, sagt er es, als sage er es zu sich selbst.

Der Gokart mit Antonin am Steuer entfernt sich auf der nächtlichen Piste, die vom starken, magischen Licht der Spezialscheinwerfer beleuchtet wird, der Lärm des Motos wird leiser, wie er sich entfernt, das Fahrzeug wird immer kleiner, biegt unvermittelt ab in die erste Kurve und verschwindet hinter dem kleinen Hügel zwischen uns und der Steilkurve am anderen Ende der Rennstrecke.

Ich fühle Dankbarkeit für den Ernst und die Konzentration, mit der diese drei Männer die Fahrt verfolgen, Hände in den Hosentaschen, den Blick auf den Punkt in der Ferne gerichtet, an dem Antonin in ein paar Sekunden auftauchen wird, wenn er aus der »Parabolica« kommt. Neben Jean-François stehen zwei seiner Mitarbeiter, man könnte sie die Trainer von Antonin nennen, alle »vom Fach«, alle eng verbunden mit dem, was mein Sohn auf der Piste macht, von einem gemeinsamen Interesse erfüllt, von der gleichsam intensiven Aufmerksamkeit. Mit seiner Begeisterung reißt Antonin sie mit, seiner kindlichen Ernsthaftigkeit, seinem reinen und tiefen Engagement, seiner Art – die allen Kindern eigen ist – sie zu sehen, zu grüßen, und vor allem zu schätzen in dem, was sie sind und was sie tun, ihnen eine entscheidende Rolle und Bedeutung in seinem Leben zu geben. Nun ist es ihre Begeisterung, die seine eigene unterstützt.

Bei der nächsten Runde ist die Passage noch immer nicht perfekt. »Ich gehe, ich zeige ihm die Linie«, sagt einer der Burschen und verlässt entschieden die Gruppe, um den Helm anzuziehen. Jean-François ist einverstanden, ein Motor startet und ein Gokart setzt sich genau vor Antonin, um ihm die Ideallinie zu zeigen. Antonin weiß, was das bedeutet, und macht sich daran, ihm haargenau zu folgen. Etwas später wechseln sie die Positionen, der erwachsene Pilot lässt sich überholen, um den jüngeren zu »treiben« und ihm dicht auf den Fersen zu bleiben.

*

Als Antonin zum ersten Mal hierherkam, wollte er einfach eine Runde mit dem Kart erleben, so, wie er die Fahrzeuge auf dem Jahrmarkt liebt, die Autoscooter, die Autos auf Schienen etc. Ein großes Schild neben einer Ampel, an der wir regelmäßig anhalten, war ihm seit Monaten aufgefallen, Werbung für eine Kartbahn ganz in der Nähe. »Ab 7 Jahren«, hieß es auf der Tafel. Antonin, der erst sechs Jahre alt war, erklärte, wir würden gleich nach seinem siebten Geburtstag hingehen. Die Anforderungen und Windungen des Alltags, das Warten auf den berühmten *passenden Moment* verschoben den Besuch um ein ganzes Jahr. Antonin war geduldig, aber entschlossen; beständig darum bittend, zur Gokart-Bahn gehen zu dürfen.

Endlich kam der große Tag, und kaum hatten wir die Schwelle zum gepflegten und hellen Empfangslokal überschritten, schien es schon, als tauche Antonin in eine Welt ein, die für ihn gemacht war. Es regnete; er ließ sich anziehen und vorbereiten, bekam kurz einige Anweisungen. Er setzte sich in den Wagen, den man für ihn vorbereitet hatte, die Nummer 3, mit laufendem Motor, aber gesichert auf einem Keil. Als auch die Gurte angeschnallt waren, erkundete er mit Augen, Händen und Fußspitzen die Einzelheiten dieses neuen Universums, konzentriert, voller Drang und Hang, nur leicht von Bammel gefärbt. Der Bursche, der sich um die Vorbereitung gekümmert hatte, kniete neben ihm nieder und half ihm, das Visier zu schließen, bevor er den Keil wegnahm und sagte: »So, los geht's!« Antonin fuhr auf die Piste, als ginge es von selbst und obwohl er zwar Steuerräder aller Art in der Hand gehalten, aber noch nie mit einem Gas- oder Bremspedal zu tun gehabt hatte.

Dieses erste Mal fuhr er die ganze Zeit im Nieselregen, mit Umsicht, auf diesen kleinen Rädern, wie auf Zehenspitzen. Als die Zeit abgelaufen war, rief ihn die erste Zielflagge seines Lebens an die Boxen zurück. Er öffnete das Visier, während der Bursche, der den Motor ausschaltete, ihn fragte: »Und?«. Antonin lächelte: »Ich *spüre* ihn immer besser …«

Eine Pause nach dieser ersten Erfahrung war »obligatorisch«. Er kletterte aus dem Gokart, setzte sich im Raum neben der Piste auf einen Stuhl und schaute aufmerksam um sich. Zu jener Zeit war alles neu und man betrachtete sich gegenseitig – mit Wohlwollen. Inzwischen ist jede Einzelheit dieser Umgebung vertraut geworden und jede Person Teil der Familie.

Nach drei »Sitzungen« teilte Antonin die Meinung aller, dass es genug sei. Man zog ihm den wasserdichten Overall aus, er zeigte sich begeistert und erntete das Lächeln derjenigen, die immer glücklich sind, zum Feuerwerk beigetragen zu haben, das aus den Augen eines erfülltes Kindes sprüht. Später fiel Antonin auf einem Sessel in tiefen Schlaf. Die Anstrengung hatte ihn erschöpft. Doch schon am gleichen Abend kündigte er an, er wolle von nun an jede Woche Gokart fahren.

Beim nächsten Mal genügte es, dass wir wiederkamen, um ins Ritual einzutauchen. Was ein einmaliger oder zufälliger Besuch hätte sein können, wurde zu einem Rhythmus. Nach wenigen Monaten stand das Ritual fest. Seither wird es verfeinert, es entwickelt sich, und doch bleibt es dasselbe. Gewöhnlich beginnt es jeweils am Donnerstag bereits zu Hause, wenn Antonin seinen Overall und seine Rennstiefel anzieht, die Jean-François und seine Frau Christine ihm geschenkt haben. Wenn wir zur Kartbahn gelangen, hat Antonin eine gewisse Weise, anzukommen, ich, ihm mit der Sporttasche zu folgen, das Team, ihn zu empfangen. Alles ist rituell und niemand weicht davon ab.

»Wir verkaufen Vergnügen, Entertainment« erklärte mir Jean-François eines Tages, »die meisten Besucher kommen nur einmal.« Vom zweiten Besuch an kam Antonin mit der Absicht, einen wöchentlichen Rhythmus zu etablieren, und drückte aus, er komme, um *einen Kurs zu nehmen* mit dem feierlichen Ziel, Berufsrennfahrer zu werden. Diese Absicht verlieh der ganzen Mannschaft eine völlig neue Bedeutung: Sie wurden zu den Kunsthandwerkern seiner Zukunft. In der dritten Woche bekam ich von Jean-François eine SMS: »Antonin gehört zu denen, die uns nicht gleichgültig bleiben, die Crew will von mir wissen, wann er fahren kommt.«

Der Ernst, die Hingabe, die
Konzentration eines begeisterten
Kindes biegen Zeit und Raum,
das Universum und das Schicksal,
sie schlagen die Zukunft
und das Werden in ihren Bann.

Genau genommen ist die Vorliebe für Autos, und ganz besonders für Rennautos, keine Neuigkeit im Leben von Antonin. Schon als er eineinhalbjährig war, verwandelte er alles in ein Auto, indem er den Motorenlärm von morgens bis abends nachmachte – das ganze Haus hallte davon wider. »Da zieht man aufs Land und hat die Autobahn im Haus«, sagte ein uns Nahestehender eines Tages mit Humor. Später zogen dann die Tretautos in unser Leben ein. Zuallererst ein altes, rotes Tretauto, das ich meinem Sohn und meinem Vater gemeinsam geschenkt hatte, um die schmerzliche Lücke in meinem Leben zu füllen, die mir immer wieder vor Augen kam, wenn ich daran nachkäute, wie mein damals neunjähriger Vater gezwungen war, sein rotes Tretauto im Hof des Hauses in Kassel zurückzulassen, als er sich mit seinen Eltern auf die lange Flucht vor der Nazi-Verfolgung machen musste. Antonin machte sich dieses Auto Schritt für Schritt zu eigen, fuhr damit vorerst langsam und spielte vor allem mit den Scheinwerfern, die ich installiert hatte, zündete sie an und löschte sie wieder. Dann begann er, schneller und schneller zu fahren, an Wänden und Türrahmen vorbei, mit unfehlbarer Genauigkeit. Ich folgte ihm mit großen Schritten, weil es ihm gefiel, wenn ich ihm zuschaute. Ich beobachtete die Bewegungen seines kleinen Rückens, seinen hübschen Nacken, seine Anstrengung und sein Können[4]. Ich fragte mich, woher ihm die Idee gekommen war, so schnell zu fahren, so schnell fahren zu wollen: Er hatte noch nie ein Autorennen gesehen.

Das Spiel wurde noch intensiver, als er einen Gokart mit Pedalen bekam, ein einfaches und funktionales Fahrzeug, an dessen Steuer er Stunden verbrachte. Ich folgte ihm noch immer, beobachtete, wie sein kleiner Körper die Anstrengung seiner Beine verriet, rechts, links, rechts, links. Wir hatten einen kleinen Rückspiegel, wie sie an

Fahrrädern üblich sind, angebracht, damit wir uns bei seinen Ausfahrten gegenseitig im Auge behalten konnten. Während er fuhr, manchmal sehr schnell, oft sehr weit, hörte er niemals auf, den Lärm eines Autos nachzumachen.

Eines Tages, im »richtigen« Auto auf unserem Privatweg angekommen, hielt ich an, nahm Antonin auf die Knie und überließ ihm das Steuerrad, während ich langsam weiterfuhr. Er war vier Jahre alt, seine Augen waren knapp über dem Steuerrad, das verglichen mit ihm riesig schien, er musste die Arme ausstrecken, um es zu halten. Am Anfang hielt ich das Steuerrad mit einer Hand. Nach ein paar Monaten – der »Chauffeurwechsel« war inzwischen zu einem Ritual geworden, sobald wir auf unseren Privatweg fuhren – war es nicht mehr nötig, dass ich das Steuerrad hielt; Antonin beherrschte die Kurven, die Breite des Autos und hatte keine Mühe damit, dass er – im Gegensatz zu seinem Tretauto – nicht in der Mitte des Fahrzeuges saß.

All diese Einzelheiten, die mir heute wie Vorahnungen erscheinen, griffen ineinander wie das noch unbewegliche Räderwerk einer großen Maschine, das seine Fühler ausstreckte. Wie ein großes Uhrwerk, das nur auf den richtigen Moment wartete, um in Gang gesetzt zu werden – und dieser Moment war der erste Besuch bei der Kartbahn. Es war in Bewegung und hatte unverzüglich seinen Rhythmus gefunden, mit seinen großen mechanischen Gesetzen – ansteckende Begeisterung, perfekt kalibrierte Verzahnung von Ursache und Wirkung, Verkettung von Ereignissen, die sich gegenseitig beinhalten wie bei einer russischen Puppe.

Eines Abends, nach unserem ersten Gokart-Bahn-Besuch, spürte ich eine Begeisterung aus früheren Zeiten in mir aufsteigen und schlug Antonin vor, ein kurzes Video von einem Formel-1-Grand-Prix anzuschauen. Es war das allererste Mal, dass er ein solches Rennen sah. Als das Video zu Ende war, folgten wir einigen der vorgeschlagenen »nächsten Videos«. Antonin schaute sie mit jeder Faser seines Wesens an. Am Tag darauf war in uns beiden die Neugier auf die laufende Saison erwacht und wir schickten uns an, alle Videos der Rennen anzuschauen, die bereits ausgetragen worden waren. Die Welt der Autorennen war mir in meiner Jugend vertraut gewesen und ein eigenartiges Gefühl von Fremdheit schlich sich jetzt ein, weil ich praktisch keinen der Rennfahrer kannte, keinen ihrer Namen – oder, noch seltsamer, die Namen ihrer Väter. Ich erkannte die Farben und das Aussehen der Rennställe nicht – mit Ausnahme derjenigen der Scuderia – und schon gar nicht die Position, auf welcher ich sie jeweils gesehen hatte: Ich stellte den Niedergang derjenigen fest, die zu meiner Zeit triumphierten, und den Aufstieg neuer Marken. Antonin tauchte ohne Vorbehalt und vollständig in dieses Universum ein. Er kannte bald jeden Rennfahrer, jedes Auto und binnen Kurzem auch jede Rennstrecke. In kurzer Zeit wurden ihm Systeme und Abläufe vertraut, die ihm einen Monat zuvor noch unbekannt gewesen waren.

Das Leben eines Kindes wird getragen von »kleinen« und »großen« Ritualen (zu vergleichen mit dem »großen« und »kleinen« Geist in der Meditation, beide unabdingbar und absolut frei von Hierarchie). Die »kleinen« Rituale sind sowohl persönlich als auch zur Familie gehörig, gemeinschaftlich oder sogar gesellschaftlich. Sie können augenblicklich oder entwicklungsfähig sein. »Danke« zu sagen, wenn man bedient wird, ist gesellschaftlich, das Schabbat-Essen ist gemeinschaftlich, das Händewaschen, bevor man zu Tisch geht, ist ein Familienritual, ein Formel-1-Video *anzusehen* vor dem Einschlafen ist ein persönliches. Die »großen« Rituale, die sich an die Naturgesetze halten, heißen *spielen, nachahmen, wiederholen.* Ihnen ist später in diesem Buch jeweils ein eigenes Kapitel gewidmet. Wenn ein Kind endlos das *spielt*, was es gerade entdeckt hat, dabei die Realität der Elemente seines Spieles *nachahmt*, und wenn es dieses Spiel unaufhörlich *wiederholt*, widmet es sich diesen »großen« Ritualen. Wir stellen fest, dass diese drei Tätigkeiten mehrheitlich verächtlich gemacht und als tadelnswert angesehen werden, obwohl es sich um die Pfeiler der Entwicklung des Kindes handelt.

Seit jenem ersten Abend schauen Antonin und ich uns vor dem Schlafengehen kurze Videos über Formel 1 an. Das ist inzwischen ein fester Teil des Abendrituals geworden. Kann das Ritual ab und zu nicht eingehalten werden, wird diese Ausnahme als unangenehm empfunden und das Kind protestiert. Es will nicht seinen Willen durchsetzen, es ist nicht starrköpfig: Es versucht, sein Gleichgewicht zu halten, die Ordnung seiner Welt, die auf der Verlässlichkeit bestimmter unabänderlicher Abläufe beruht.

Auch die großen Rituale kommen ins Rollen. Antonin *spielt* die Rennen, die er gesehen hat, er macht die Stimme und den Tonfall der Kommentatoren nach und wiederholt fehlerfrei all ihre Sätze und auch, was sie beschreiben. Er tut es rennend und hüpfend, ganz einfach, während in seinem Kopf ein Film abläuft, oder mit den F1-Modellautos, die er unermüdlich auf dem Fußboden in seinem Zimmer herumstößt. Er hält sie sich auch vor die Augen, um »ein *on-board* zu machen«, das heißt, den Blickwinkel der Bordkamera zu imitieren, der bei unseren Abendvideos sehr beliebt ist. Es kommt auch vor, dass er mit einem alten Telefon spielt, das er gefunden hat und das, wie er findet, von der Form und der Tastatur her dem kleinen ovalen Lenkrad eines Rennwagens ähnelt. Er sitzt in einem Sessel und hält es mit gestreckten Armen vor sich; er schwenkt es heftig hin und her, steuert seinen imaginären Rennwagen nach links und nach rechts, um die Reifen aufzuwärmen, und macht dazu perfekt den Lärm am Ende einer Aufwärmrunde nach, wenn die Piloten ihr Fahrzeug auf den letzten Metern im Leerlauf und den Motor in die rote Zone treiben, bis zum Punkt, an dem sich der Unterbrecher einschaltet. Er stabilisiert seinen Wagen und macht den Motorenlärm des stehenden Autos nach, anschließend den Lärm des Motors auf Hochtouren, wird leiser in dem Moment, in dem der Pilot von der Kupplung geht und mit seinem Boliden zum Angriff auf die Rennbahn übergeht. Er benutzt alle Register seiner Stimme, die Schwingungen seiner Stimmbänder, seiner Zähne und Zunge, er macht getreulich die Beschleunigung nach, das verblüffende Crescendo des Motors, er bewegt seinen rechten Zeigefinger zum Schalten und »singt« dazu den Motor in einem niedrigeren Gang, um gleich darauf wieder zu beschleunigen und erneut hochzuschalten. Dann bremst er sichtbar vor der ersten Kurve, dreht das Lenkrad und schaltet mit seinem linken Zeigefinger mehrere Gänge herunter, mit dem typischen automatischen Zwischengas, das charakteristisch ist für sequenzielle Getriebe … Auf diese Weise fährt er eine ganze Runde auf einer imaginären Rennstrecke, mit den lyrischen langen Geraden, den großen Kurven, den Haarnadelkurven, die er beinah in Zeitlupe durchfährt, die Arme gekreuzt, sosehr er das Lenkrad einschlagen muss. Ich stelle fest, dass er die immer gleiche Sequenz wiederholt, mit großer Präzision, den gleichen Gesten, den gleichen Tönen. »Ich sehe die Piste«, erklärt er mir, »ich kenne meine Rennbahn auswendig, ich fahre immer die gleiche Runde, bremse und beschleunige am gleichen Ort«.

Als Gerald Hüther, der Neurobiologe, das Video, das ich von diesem Spiel gedreht hatte, sah, erklärte er mir, dass es sich um einen komplexen neurobiologischen Vorgang handelt, der im Hirn ein intensives Training in Gang setzt, das dieselben Vernetzungen und Verbindungen anregt (und folglich die gleichen Signale in die Muskeln sendet), wie wenn er tatsächlich ein Rennen fahren würde. Eine andere Person, die dasselbe Video gesehen hatte, schrieb mir: »Die Piloten der Patrouille de France (die Kunstflugstaffel der französischen Luftwaffe) proben ihre Parade am Boden vor jedem Flug ein … und sie machen genau dasselbe: Sie nennen das »die Musik«.

Die Begeisterung eines Kindes
holt das Beste aus uns heraus.

»Was möchtest du trinken?« fragte man Antonin am Anfang, wenn er eine Pause machte. Inzwischen muss man nur noch selten überlegen, es hat sich bereits eine Abwechslung auf der Basis der Rhythmen und Rituale eingestellt: Heute eine heiße Schokolade, das nächste Mal ein kalter Pfirsichtee … Christine weiß immer, was an der Reihe ist. »Heute ist es Schokolade, den Tee hast du letztes Mal genommen«, und sie bringt ihm sein Getränk mit den kleinen Spekulatius, die auch schon rituell geworden sind.

Christine, die Frau von Jean-François, gehört zu den Bezugspersonen von Antonin, neben Jean-François selbst und ihrem Sohn Maxim, dem Gokart-Meister, der in den Augen von Antonin »etwas Spezielles an sich hat«, wie ein großer Bruder, der dich unter seine Fittiche nimmt. Ebenso wichtig ist die besondere Beziehung zwischen Antonin und den Angestellten der Bahn, vor allem Baptiste, der mit der Zeit sein Trainer geworden ist, ohne dass man das hätte verabreden müssen: Der Einsatz dieser Männer an seiner Seite kommt von ihnen aus und musste ihnen nicht zugeteilt werden. Jeder bringt seine Persönlichkeit ein und damit eine besondere Bereicherung. Jeder Ratschlag bringt Antonin weiter und bestätigt die Bedeutung und die Relevanz ihrer Arbeit. Ich bin immer gerührt, wenn ich sie hin- und hergehen sehe zwischen dem Monitor, der die Zeiten angibt, und der Piste, von wo aus sie jede Bewegung von Antonin beobachten, oder wenn ich sie plötzlich jubeln und die Fäuste heben sehe, weil Antonin ihren Ratschlägen gefolgt ist und seinen persönlichen Rekord verbessert hat. Einen besonderen Freudentag haben sie alle zusammen erlebt, als Antonin den Bahnrekord gebrochen hat und sein Name zuoberst auf der Anzeigetafel erschien.

Vieles hat sich verändert seit unserem ersten Besuch. Zuerst hat

IGOL

ein neuer Helm Einzug gehalten, sein erster persönlicher Helm. Antonin, der alle verfügbaren Videos zum Thema gesehen hatte, wusste natürlich, dass die Fahrer und ihre Mannschaft per Funk miteinander reden konnten. Als man ihm eines Tages zwischen zwei Sitzungen jede Menge Ratschläge erteilte, was er besser machen könne, gab er zur Antwort, er werde versuchen, den Ratschlägen zu folgen, dass es aber unendlich viel einfacher und konkreter wäre, wenn man ihm »die Informationen via Funk in seinem Helm in Echtzeit, am entsprechenden Ort auf der Bahn« geben könne. Ich hatte nicht bemerkt, dass Jean-François hellhörig geworden war.

»Dienen«

von Arno Stern

Es gehört zu meinen Gewohnheiten, von meiner Tätigkeit zu erzählen, von meinem Beruf als Malspieldienender; und weil es eine unvorstellbare Tätigkeit ist, löst sie endlose Fragen aus. Dienen ist eine unübliche Tätigkeit. Die üblicherweise als eine verächtliche, minderwertige Betätigung gilt.

Die Rolle des Malspieldienenden musste ich einführen, nachdem ich den Malort eingerichtet hatte, dessen entscheidender Bestandteil sie ist. Und es musste wahrgenommen und berücksichtigt werden, dass in der französischen Sprache die weibliche Form eine gewisse Ergänzung benötigt, damit diese dienende Rolle nicht mit der einer Magd verwechselt wird.

Die Rolle des Dienenden unterscheidet sich von der autoritären Rolle eines Leiters: Seine Aufgabe besteht darin, die Bedingungen des absoluten Wohlbefindens eines jeden am Malspiel Beteiligten zu schaffen. Der Dienende ermöglicht durch sein Verhalten eine ungewöhnliche Äußerung, weil, ihm diese Äußerung vertraut ist und nicht erstaunlich scheint.

Dienen heißt, sich in die Lage eines jeden zu versetzen.

Die hier im Malort entstehende Äußerung ist außergewöhnlich, weil sie nicht der Absicht entstammt, etwas mitzuteilen und dessen Empfang zu erhoffen. Sie spielt eine andere, eine unerprobte Rolle, indem sie zur Äußerung bringt, was nie zuvor geäußert wurde und dessen Folgen unersetzlich. sind.

Die dienende Person ist sich ihrer Wichtigkeit bewusst. Sie weiß, dass sie eine unersetzliche Rolle spielt. Dieses von ihrem Wissen bestimmte Verhalten prägt auch ihre Einstellung zum alltäglichen Geschehen und ist ein Vorbild für allgemeine menschliche Beziehungen, ein Beispiel für eine kommende Gesellschaft. Mein Verlangen ist es, dazu viele Menschen anzuregen.

Der Begriff »dienen« ist jedem Menschen gegenwärtig und wichtig, wenn auch mehr oder weniger bewusst. Dieser Haltung begegnen wir unzählige Male im Alltag. Es geht nicht darum, »jemandem einen Dienst« zu erweisen – was auch für Geld zu haben ist –, es geht darum, »sich jemandes anzunehmen«. Fürsorge. Sich zu kümmern. Meist ganz unauffällig. Es kümmert sich der Busfahrer am Flughafen, der bemerkt hat, dass mein Vater in der Nähe der vorderen Tür steht, und gekommen ist, um sie zu schließen, damit er sich nicht erkälte, aber auch, um sicher zu sein, dass er als Erster den Bus verlassen und bequem ins Flugzeug einsteigen kann.

Genau diese Haltung erkenne ich bei Jean-François, Christine und ihrem Team wieder. So stellt Baptiste zum Beispiel den Kart in den Schatten, damit es Antonin nicht zu heiß wird und er sich ein bisschen früher hineinsetzen kann und nicht in der ganzen Rüstung unter der brütenden Sonne auf die anderen warten muss. Oder einer der Burschen, für gewöhnlich Baptiste, der – kaum sieht er uns ankommen – den Wagen aus der Garage holt, den Motor anlässt, damit er warm wird, Sitz und Pedale einstellt, damit alles bereit ist, wenn Antonin sich in voller Montur hineinsetzt, um loszufahren.

Diese Haltung – auf Englisch so gut mit »care-giving« umschrieben, »*Fürsorge* geben« – verbindet sich meist mit einem anderen unwiderstehlichen Verlangen: möglich zu machen, wovon ein begeistertes Kind träumt. Möglich zu machen, was dem Kind erlauben würde, »das nächsthöhere Niveau zu erreichen«. Dieses Verlangen ist deshalb so stark, weil es unsere eigene Begeisterung weckt und auch das Beste in uns. Es bringt uns dazu, Dinge zu tun, die von außen als »unvernünftig« gesehen werden könnten, weil sie oft über die Mittel hinausgehen, die uns zur Verfügung zu stehen schienen. Für ein begeistertes Kind tut man, was man für sich selbst nie getan hätte. So empfing uns Jean-François eine Woche später mit einer kleinen orangefarbenen Schachtel und kündigte an, er habe eine Funkanlage für Antonin gesucht und gefunden und auch einen Händler für den geeigneten Helm. Was für ein Ereignis, zu dritt zu diesem Spezialisten zu gehen! Und auch hier war ich tief berührt von der Sorgfalt, der Aufmerksamkeit, der Kompetenz und vor allem dem Ernst, die Jean-François und der Händler an den Tag legten, um den Helm zu finden, der sowohl den technischen Anforderungen als auch der Kopfform von Antonin und seinen sehr objektiven Vorlieben entsprach. Als wir den Helm gefunden hatten, mussten wir ihn noch ein paar Tage in der Werkstatt lassen, damit der Techniker den Funk installieren konnte.

In meinem Umfeld hatten etliche wiederholt, was ich schon wusste: Achtung, der Autosport ist sehr kostspielig. Das Benzin, die Reifen, der Rennfahrunterricht und dann die nötige Ausrüstung, der offiziell zugelassene Overall, Helm, Nackenstütze, Rippenschutz, Schuhe, Handschuhe … und dann wird dein Sohn bald ein besseres Fahrzeug brauchen als die Standardmodelle »seiner« Rennbahn, wo alle Fahrzeuge identisch sein müssen und die Geschwindigkeit beschränkt ist.

Wir konnten uns den Helm und die Handschuhe leisten. Da Weihnachten vor der Tür stand, waren es Antonins Großeltern, die ihm Nackenstütze und Rippenschutz schenkten. Und da auch der Geburtstag von Antonin in diese Zeit fiel, bekam er von Christine und Jean-François seine hübschen roten Schnürstiefel – »Trage Sorge dafür, laufe damit nicht auf der Straße herum, sie sind für die Rennen gemacht …«

So haben all diese Menschen, vereint um die Begeisterung eines Kindes, gewonnen von seiner Überzeugung, getragen von den Flügeln, die ihm gewachsen sind, versucht, gemeinsam Lösungen zu finden. Haben die vorausgesehenen Hindernisse (an die sie möglicherweise bis dahin selber geglaubt hatten) trotz objektiv unzureichender Mittel aus dem Weg geräumt. Gemeinsam, Schritt für Schritt, haben all diese Menschen das Unmögliche möglich gemacht. Was jeder von ihnen dann wird, ist genau das, was der österreichische Filmemacher Erwin Wagenhofer einen »Possibilisten« nennt, einen Möglichmacher.

Am Tag, an dem Jean-François ankündigte, Antonin werde langsam schneller als sein Auto, dachte ich, er bereite mich auf den unausweichlichen Moment vor, an dem mehr Geld auszugeben war, als vorhanden … In Tat und Wahrheit war er nicht dabei, mich vorzubereiten, sondern seine eigenen Gedanken zu diesem Thema zu ordnen. Als wir in der darauffolgenden Woche wiederkamen, bereitete sich Antonin vor, sich in seinen bevorzugten Gokart zu setzen, den er von Anfang an gefahren hatte, die Nummer 3, doch der war nicht zu sehen. »Ah …«, teilte Jean-François ihm mit, »heute musst du einen anderen nehmen.« Die Nummer 3 war in der Werkstatt, teilweise demontiert.

Oh je!?

»Er hatte eine Überholung nötig«, erklärte Jean-François.

Wir standen nebeneinander, während Antonin mit der Nummer 4 fuhr. Jean-François kam näher und flüsterte mir ins Ohr: »Der wahre Grund ist, dass wir auf Ersatzteile warten für die Nummer 3, wir werden den Wagen für Antonin ein bisschen aufrüsten …«.

Ich rede mit Antonin über Funk, das ist nunmehr meine Aufgabe: »Jean-François sagt, dass du dem Lenkrad beim Ausgang der letzten Kurve einen kleinen Stoß gibst und dass du so bei jeder Runde zwei Zehntel verlierst.«

»O. k., ich versuche zu korrigieren«, antwortet Antonin mit seiner Kinderstimme, aber mit einer Ruhe, einer Konzentration, die kein Alter hat, ein klares Timbre, das nur von der Holprigkeit der Piste und von seinen körperlichen Anstrengungen zum Zittern gebracht wird.

❊

Mit mir passiert, was unseren Freunden von der Kartbahn passiert ist. Näher betrachtet gebe ich mir Rechenschaft, dass der Automobilsport, insbesondere die Formel 1, auch in meinen Leben von Bedeutung ist. Weniger der Geschwindigkeit halber als wegen der Perfektion und der beinah spirituellen Seite, die er verlangt. Ob all der Anforderungen meines Alltagsflusses und ob meiner in den letzten Jahrzehnten entwickelten Weltanschauung war mir dieses Bewusstsein abhandengekommen.

Ich bin als Kind tief in die Welt des Motorsports eingetaucht. Im Gegensatz zu Antonin gab es für mich aber keine konkrete Umsetzung. Mein Sohn ist direkt, durch die Fahrpraxis, in diese Welt eingetreten und hat sie Schritt für Schritt in ihrer Gesamtheit verinnerlicht. Als Kind hatte ich mich durch Lesen, Schauen und Mitfiebern hineingelebt. Ich lernte alles, ich fühlte alles. Von der Technik über die verschiedenen Regelungen bis zur Rennkunst. Ich brauchte weder Rennen in natura zu erleben noch selbst zu fahren. Ich musste mich nicht zwischen dem Bauen oder dem Fahren von Rennwagen entscheiden. Ich lebte beides.[5]

Mit der Zeit aber haben sich meine Interessenschwerpunkte verschoben. Ich habe neue Überzeugungen entwickelt, die zu einer allgemeinen Distanzierung von Motoren und Sport führten. Ich kann es so zusammenfassen: Bis zur Entfachung von Antonins Begeisterung waren Autos, Sport und Wettbewerb genau das, was mich in der Welt am wenigsten interessierte.

Und jetzt steht dein kleiner, blonder Engel da und verkündet, dass Motorsport sein Leben ist. Und er kehrt dich einmal mehr um wie einen Handschuh und überzeugt dich mit Sätzen wie: »Ich fahre nicht gegen die anderen, ich trete gegen meine eigenen Grenzen an – und die anderen sind dabei freundliche Maßstäbe«.

Für diese Momente, in denen das Leben dir lächelnd und leicht amüsiert auf die Schulter klopft und dich einlädt, das, was du immer sagst, auch ganz konkret zu leben, bin ich unentwegt dankbar.

*

Ich bin also als Gitarrist zur Welt gekommen, durchtränkt mit Autosport. Die Reihe der immer gleichen Übungen meiner täglichen und unabdingbaren gitarristischen Praxis – eines meiner grundlegenden Rituale – baut auf zwei Grundlagen auf, die in meinem Leben sehr präsent sind, seit ich mehr oder weniger das Alter von Antonin hatte. Die physische Seite wurde von Tanz und Yoga inspiriert, die mentale und psychologische Seite von der Arbeitswelt der Formel-1-Piloten.

Beiden gemeinsam sind Präzision, Pflege der Details, Beständigkeit, Über-sich-hinaus-Wachsen, die unermüdliche Wiederholung

derselben Sequenzen, das Streben, sie zu beherrschen, all ihre Facetten zu kennen, sie in jeder Lage einsetzen zu können, bis nichts mehr auszukundschaften ist ….

Ein Musikstück – so beleuchtet – ähnelt einer Rennstrecke mit ihren Kurven, den Geraden und vor allem: der Ideallinie, die man zuerst einmal entdecken muss, schleifen, verfeinern, anschließend von Runde zu Runde verbessern, zehnmal, fünfzigmal, hundertmal, tausendmal dieselbe Tonleiter, das gleiche Perlenspiel der Fingerspitzen, bis alle zu einem Teil von mir werden, von selbst gehen, bis es keine Überraschungen mehr gibt, kein Zögern mehr. Genau wie ein Pilot es macht von Runde zu Runde, unermüdlich, auf der Suche nach der perfekten Runde, bis alles genau an seinem Platz ist, kein Millimeter außerhalb der Linie, keine Millisekunde zu viel gebremst, kein Zentimeter auf dem Gaspedal zu viel. Das geschieht einem Piloten vielleicht ein einziges Mal in einem Grand-Prix.

Später, als ich mich dem Bau von Gitarren verschrieben habe, habe ich sofort die Ähnlichkeit mit der Konstruktion der Formel-1-Rennwagen gespürt. Kein Einzelteil, keine Form wird aus einem anderen Grund gewählt als wegen seiner Funktion, jedes Element wird untersucht, durchdacht, optimiert, mit der Präzision und der Sorgfalt eines Uhrmachers, ermöglicht durch die faszinierende Ergonomie der Montage, dieses unsichtbare Design, das die Herstellung erst möglich oder leichter macht. All diese Elemente, einmal nach rationalen und funktionalen Gesetzen zusammengefügt, liefern ein Objekt von ergreifender Schönheit, von dem man glauben könnte, es sei das Resultat einer ausschließlich ästhetischen Wahl.

»Ich bin sehr zufrieden« sagt Jean-François und beugt sich über Antonin und sein Statistikblatt. Diese wenigen Worte, freundlich und ohne Getue halblaut ausgesprochen, sind wie ein Sakramentarium für Antonin, der gerade zweimal den Pistenrekord gebrochen hat. Diese Zustimmung ohne Posaunen und Trompeten ist wichtiger als jede Trophäe, jede Medaille.

Barcelona

Das Abendritual von Antonin hat sich erweitert, seit er voll in die Welt der Autorennen eingetaucht ist. Wie früher beginnt die Sequenz mit der abendlichen Körperpflege und Bekleidung. Dann schlüpft Antonin unter die Decke, während sein kleiner Bruder spielt oder schläft, ich mir einen Platz im Zimmer suche und Pauline die unerlässliche Gutenachtgeschichte vorliest. Wenn ich abwesend bin, lesen sie ein anderes Buch, damit ich die Fortsetzung der Geschichte nicht verpasse – oder aber ich höre per Telefon zu. Nach dem Vorlesen machen wir das Licht aus und ich lege mich an die Seite meines älteren Sohnes und bleibe eine Weile bei ihm. Das alles findet unverändert seit mehreren Jahren so statt, geprägt von einem Rhythmus, der sich von demjenigen des Tages unterscheidet.

Neu ist, dass wir nach dem Ausschalten des Lichtes ein paar Videos anschauen, rund um das Thema Formel 1. Seien sie historisch, technisch oder aktuell, wir lernen immer viel dazu. In diesem Jahresbeginn machte sich die Formel 1 etwas rar, weil gerade Winterpause war. Aber seit ein paar Tagen machte sich eine gewisse Aufregung breit aufgrund der nacheinander stattfindenden öffentlichen Enthüllungen des Designs der Rennwagen für die kommende Saison. Antonin verpasst keine davon, kommentierte alle und listete die verschiedenen Änderungen gegenüber der letzten Saison auf.

Richtig los ging es mit den ersten Tagen der Wintertests – auch Vorsaison-Tests genannt – auf der Catalunya-Strecke in Barcelona.

Jeden Abend gab es ein neues Video mit einer Zusammenfassung des Tages. Antonin und ich forschten sie ausführlich durch, einer neben dem anderen in der Dunkelheit. Wir beobachteten, wie die Rennwagen und ihre Piloten sich in einem Umfeld bewegten, das von demjenigen des Grand Prix abweicht. Die Stimmung war viel entspannter, die Rennwagen kamen aus den Boxen, sobald sie bereit und eingestellt waren, ohne Zeiterfassung, ohne vorbestimmte Reihenfolge, die Piloten übten alle möglichen Prozedere ein, warteten am Ende der Boxenstraße, um diejenigen vorbeizulassen, die schon auf der Strecke waren. Und vor allem: Das dünn gesäte Publikum bewegte sich ganz nah an der Rennstrecke, ohne Eile und ohne Fanatismus. Wir schauten uns Videos an, die von Amateuren aus der Terrasse über den Fahrerlagern gedreht worden waren. Sie zeigten, wie die Rennwagen von den Boxen gleich darunter ausfahren oder einige Meter weiter weg mit vollem Tempo davonschießen. Diese spezielle Atmosphäre berührte uns. Sie hatte etwas Zugängliches, Familiäres.

Am Ende der ersten Testwoche – ich weiß selbst nicht, was mich dazu getrieben hat, aber sicher hatte die allgegenwärtige, wenn auch diskrete Begeisterung meines Sohnes ihren Anteil – habe ich begonnen, auf der Webseite der Catalunya-Strecke nachzusehen, ob die wenigen Besucher, die wir gesehen hatten, handverlesene Gäste waren oder ob diese Testtage allen offen standen. Da ich nicht sicher war, ob ich alles richtig verstanden hatte, schickte ich eine dieser »Flaschenpost-Nachrichten«, die man unter der Rubrik »Kontakt« auf jeder größeren Webseite posten kann und von denen man weiß, dass sie kaum eine Chance haben, in der Flut der täglichen Mitteilungen zu überleben. In Erwartung einer hypothetischen Antwort suchte ich nach Flugverbindungen, die uns erlaubt hätten, am einzigen Tag, der sich in der überfüllten Agenda noch anbot, hin- und zurückzufliegen. Was die Flüge anbelangte, schien diese Reise machbar und erschwinglich.

Ich fühlte eine besondere Fieberhaftigkeit. Es kam mir vor, als ob die Begeisterung von Antonin, an die ich doch gewöhnt war, mich dazu treiben würde, Dinge zu tun, die ich für mich selbst niemals getan hätte und die sich alle in diese spezielle Richtung kristallisierten, die ich schon beschrieben habe: meine Energie in die Erfüllung des Traums eines begeisterten Kindes zu investieren. Ich kann dieses Phänomen schlecht umschreiben, ein Phänomen, das die Leidenschaft von Antonin für den Autorennsport bei all den unentbehrlichen Menschen ausgelöst hat, denen wir auf diesem unvermeidlich aufsteigenden Weg begegnet sind.

Ich hatte mir nie vorgestellt, dass die Ansteckung auch auf Distanz wirken könnte. Offenbar aber war die Begeisterung des Kindes – diese Kraft, die in jedem von uns lebt – in meiner E-Mail mitgereist, sie hatte tausend Kilometer überwunden, die Mäander des Internets durchlaufen und war irgendwo in Barcelona gelandet, wo sie wie eine Blume im Herzen der Person aufging, die diese Nachricht gelesen hatte.

Diese Person und ich begannen zu korrespondieren, doch schon von der ersten Nachricht an war klar, dass sie alles Mögliche zu unternehmen gewillt war, um mir dabei zu helfen, mein Projekt zu realisieren. Unzählige Fragen meinerseits wurden beantwortet, wertvolle Informationen wurden gegeben, wie zum Beispiel der Zeitplan für die Testfahrten und wann man die Boxen besuchen konnte; alles, was mir half, viele praktische Details zu erledigen – denn diese Korrespondenz hatte bewirkt, dass die Entscheidung gefallen war: Ich würde Antonin zu den Testfahrten nach Barcelona bringen!

Die Person setzte sich dafür ein, dass wir auch Zugang zu den Paddocks bekamen; sie drückte ihre eigene Begeisterung aus, die angefacht worden war, als sie sich für Antonin zu interessieren begann, und stellte mir jede Menge Fragen dazu. Sie schmückte ihren Text mit kleinen Prophezeiungen aus wie der Nachricht, die nur diese Worte enthielt: »Genau so werden Weltmeister geboren, jene Menschen, die sich von Kindsbeinen an bemühen, die Besten zu sein in dem, was ihre Leidenschaft ist.«

Es stellte sich heraus, dass wir diese Person nicht antreffen würden, dass dieses von Herzen kommende und zu Herzen gehende, aufrichtige und uneigennützige Engagement anonym bleiben würde und nur den Zweck hatte, der Begeisterung von Antonin Rechnung zu tragen – einen Kindertraum zu erfüllen. Diese Haltung ging auch aus einem anderen Satz hervor, der geschrieben wurde, als alles organisiert zu sein schien: »Ich verlange nur eines: Lassen Sie Ihr Kind den unvergesslichsten Tag seines Lebens erleben!«

Ziehen wir keine falschen Schlüsse: Es handelt sich hier nicht um Glück. Es handelt sich auch nicht darum, privilegiert zu sein. Es handelt sich darum, begeistert zu sein.

Jetzt ist er gekommen, dieser so akribisch vorbereitete Tag. Seit gestern weiß Antonin, dass wir früh aufstehen müssen. Er hat zugeschaut, wie Pauline Sandwiches vorbereitet hat, er hat mich beobachtet, wie ich nur einen Rucksack gepackt habe, wie ich mehrmals kontrolliert habe, ob ich alle Dokumente und auch sonst alles Nötige hineingepackt habe. Er ist aufgestanden, noch immer sehr neugierig, mit der guten Laune der großen Tage und der Aufregung vor Überraschungen, von denen man spürt, dass sie riesig sein werden …

Kurz nach dem Frühstück haben wir uns von Pauline und dem noch schlafenden Benjamin verabschiedet und uns auf den Weg gemacht. Zuallererst sind wir auf einen Sprung zu seiner Tante und seinem Großvater gegangen, beide – wie die ganze Familie um ihn herum seit einigen Tagen – sehr involviert, geheimnisvoll und ungeduldig in Erwartung von Neuigkeiten. Er weiß noch nichts, aber ich ahne, dass ihm die Augen aufgehen werden, sobald er sieht, wohin die Reise geht. Die Fahrt im Taxi ist angenehm im Morgengrauen in einem noch ziemlich friedlichen Paris. Am Flughafen angekommen, stellt er fest: »Ah? Wir fliegen also?«

Als es Zeit wird, einzusteigen, entdeckt er, wie ich geahnt hatte, wohin die Reise geht. Ich sehe seine Freude, seine Aufregung, seine Loyalität gegenüber dem gegenwärtigen Augenblick. Er lächelt über das ganze Gesicht, ist ganz ruhig, lässt sich zunehmend vom Ausmaß der bevorstehenden Erlebnisse ergreifen. Ein Hüpfer befreit ihn von der allzu großen Erregung. Der Flug ist ruhig. Er blättert in einem Magazin, das wir am Flughafen gekauft haben und das alle Rennstrecken der kommenden Saison vorstellt. Er fährt die Strecken mit dem Finger nach, denkt über Ideallinie und Bremspunkte nach, macht die entsprechenden Geräusche und übersieht kein Detail. Er ist berührt, wenn er die Pyrenäen sieht, und wartet auf das Meer, das er, wie er sagt, »noch nie überflogen« hat.

Jetzt sind wir in Barcelona. Antonin rennt, hat Vorsprung, kommt wieder zurück oder wartet auf mich am Ende der Treppe. Das Kind, für das man langsamer gehen musste, wartet nun auf den Erwachsenen. Im Taxi spüre ich seine gefasste Ungeduld. Antonin ist stiller als sonst. In der Nähe der Rennstrecke angekommen, müssen wir zuerst unsere Akkreditierungskarten abholen und dafür aus dem Taxi steigen … und da sehe ich, wie Antonin bockstill steht, wie gelähmt – so wie ich auch – vom Lärm eines echten Rennwagens, der irgendwo vorbeifährt, ganz nah und doch noch, dem Echo nach, fern. Ich sehe, wie mein Sohn erschauert, hüpft, vor Ungeduld kaum noch an sich halten kann. Nachdem wir die Kontrollen hinter uns haben, hält uns nichts mehr davon zurück, wir rennen einige Treppen hoch, dem Gehör folgend, und plötzlich stehen wir da, auf der berühmten Terrasse über den Fahrerlagern, die wir so oft auf dem kleinen Bildschirm gesehen haben. Wer nie einen Formel-1-Wagen in natura aus der Nähe gesehen oder gehört hat, kann sich nicht vorstellen, was das heißt. Kein Fernsehen, kein Video und keiner dieser Sätze kann auch nur einen Schatten des Donners wiedergeben, der die Ohren füllt, wenn so ein Fahrzeug vorbeifährt. Reibung, Aerodynamik und Motor vereint in diesem aufschüttelnden Aufheulen, faszinierend und ebenso musikalisch wie das Tutti eines teuflischen Orchesters. Bei jedem, der vorbeifährt, macht Antonin einen Sprung, explodiert vor Begeisterung, schreit den Namen des Piloten (den er in einem Sekundenbruchteil erkennt, während ich kaum in der Lage bin, die Farbe des Wagens wahrzunehmen). Er schlägt die Hände vors Gesicht, nickt … »Es ist unglaublich«, sagt er erschüttert und leidenschaftlich.

Für eine Weile bleiben wir auf der Terrasse. Antonin hat die von Pauline mit viel Liebe und Zärtlichkeit vorbereiteten Sandwichs gegessen, auf die Brüstung gelehnt. Das außergewöhnlichste unserer Picknicks … Dann haben wir die Stunde genutzt, in der uns der Zugang zur Boxengasse gestattet war. Wir sind sie in eine Richtung abgeschritten, Antonin hat sich den Platz der Rennställe gemerkt, die hinter großen, mit Leinwand bespannten Rahmen versteckt waren. Dann kehrten wir um und Antonin hat angefangen zu spielen, hat einen Boxenstopp zum Reifenwechsel imitiert, zuerst vor der Pit von Red Bull, dann bei Ferrari. Zweimal hat er das Spiel gespielt, einmal als Pilot, einmal als Mechaniker. Er *lebt* das alles, wie der Wagen in reguliertem Tempo ankommt, wie die Reifen gewechselt werden, das Wackeln des Wagens, wenn er wieder auf die Räder gestellt wird, der Start in der Boxenstraße, auf der er rennt bis zum Ende der Zone, in der wir uns bewegen können. Er ist ein Bub, der frei spielt, wie er es gewohnt ist, inmitten einer ungewöhnlichen Umgebung. Die Sicherungsfahrzeuge, schließlich auch so vertraut, bahnen sich vorsichtig einen Weg durch die promenierenden Menschen.

Wir kehren entlang den Paddocks zurück, die seltsam ruhig sind (es ist Essenszeit), und Antonin entdeckt Persönlichkeiten, die er kennt und liebt, er geht ihnen ohne Scheu und beschwingt entgegen. Eine dieser Personen gibt uns den wertvollen Hinweis, wo wir das kurze Erscheinen des Weltmeisters am besten abwarten sollten. Ich sehe meinen großen Jungen auf einer kahlen Treppe sitzen und warten, mit nicht erlahmender Geduld. Ich versuche, ihn vor der Sonne zu schützen, die in diesen Breitengraden schon ziemlich brennt. Als der Held erscheint, gibt es einen kleinen Aufruhr, dem dieser zu entgehen trachtet. Antonin wird später von einem »wahren Handgemenge« erzählen. Aber Antonin geht auf ihn zu, mit all seiner Begeisterung, mit seinem offenen Herzen, und der Mann, der schon halbwegs in seinem Quartier verschwunden ist, kommt einen Schritt zurück und legt seine Hand auf die Schulter des Kindes. Antonin lächelt ihn an, sein ganzes Wesen auf ihn gerichtet. Als der Mann mich ansieht, sage ich ihm in instinktivem Englisch, was mir gerade in den

Sinn kommt: »Wenn Antonin Rekorde bricht, sagt er stets, er folge einer inneren Stimme und dass diese Stimme Ihre ist«. Der schöne Mann lächelt, nimmt seine Sonnenbrille ab, zieht Antonin an sich und posiert für eine Fotografie, die voll ist mit diesem Schwung, mit dieser Liebe, die zwischen einem Kind und seinem Gesprächspartner fließen kann. Antonin ist ganz blass vor Aufregung, folgt ihm einen Schritt in seinen Wohnwagen, um ihm noch zu sagen: »Congratulations on your fifth championship!«, und ich sehe, wie der Mann, schon fast im Wohnwagen verschwunden, die Hand ausstreckt, um diejenige von Antonin zu schütteln. In wenigen Sekunden hat Antonin den aufregendsten Augenblick seines Lebens erlebt, dank all dieser Menschen, die sich von der Begeisterung eines Kindes haben berühren lassen. Ich bin ganz aufgewühlt.

Wir brauchen Zeit, um uns zu erholen. Antonin ist noch immer bleich und ist durstig. Dann will er die beiden Gokart-Sessions abfahren, die Teil des Tagesprogramms sind. Zum ersten Mal wird er auf einer Rennstrecke fahren, die nicht »die seine« ist. Es handelt sich zwar nicht wirklich um eine Rennstrecke, eher um eine geschickte Installation von Kegeln und Reifen auf einer großen betonierten Fläche. Die Karts sind elektrisch, viel schwerer und langsamer als diejenigen, die er normalerweise fährt. Während der ersten Session sehe ich, wie vorsichtig er ist – das ist er immer zu Beginn. Ich nehme wahr, wie er sich Zeit nimmt, die Strecke kennenzulernen, die Ideallinie zu suchen, das Fahrzeug zu spüren. Was ich aber vor allem sehe, sind zwei erstaunliche Bilder nebeneinander, wenige Meter voneinander entfernt: Auf der einen Seite der Abschrankung rasen die heulenden Monster vorbei, auf der anderen Seite fährt mein großer Junge beinah geräuschlos in seinem kleinen Fahrzeug mit den Farben der hiesigen Strecke. Während der zweiten Session geht Antonin zum Angriff über und holt die ganze Geschwindigkeit heraus, die sein Schlitten zu liefern in der Lage ist. Die Angestellten des Kartings werden aufmerksam. Die Begeisterung setzt ihr Werk fort.

Unweigerlich zieht uns der Klang der Formel 1 wieder an. Wir gehen auf die große Tribüne gegenüber den Paddocks und der Terrasse, auf der wir begonnen hatten. Sie ist fast leer. Von hier aus ist das Schauspiel wirklich außerordentlich und Antonin will dableiben. Während der ganzen drei Stunden, die wir hier bis zur Abenddämmerung verbringen, beobachtet er unermüdlich jeden Wagen, wie er aus der Kurve vor unserer Geraden kommt, geräuschvoll Gas gibt und beschleunigt, bevor er wie eine Granate vor uns vorbeiflitzt. Antonin begleitet jedes Auto, rennt den Zaun entlang, tanzt, hüpft, schreit, singt, kommentiert, dreht sich um sich selbst wie fortgetragen von einem akustischen Wirbelwind. Wir bekommen viele intime Einzelheiten der Welt der Formel 1 mit: Piloten, die spielen, andere, die unentwegt fahren, wieder andere, die den Gang zu den Boxen trainieren oder die Kupplung ihres heulenden und hoppelnden Boliden einfahren. Wir lernen den Klang des Horns kennen, das die Einfahrt eines Wagens in die Boxenstraße ankündigt, beobachten das Ballett des Schwarms von Mechanikern, wenn die Reifen gewechselt werden, die unglaubliche Lautstärke der Pressluft-Einschraubapparate, die Sichtblende, die zwei Männer vor dem Eingang jeder Garage aufstellen, nachdem ein Auto hineingeschoben wurde, die seltsame unvermittelte Stille nach dem Ausschalten des Motors. Wir sehen die rote Fahne, wenn ein kleiner Unfall passiert ist, sehen, wie die Fahrzeuge verlangsamen, parken, während sie auf den Abschleppwagen warten, der mit seinen Warnlichtern schon unterwegs ist. Wir beobachten die Unruhe der Mechaniker in einer Box, die uns zu verstehen gibt, dass ihr Fahrzeug betroffen ist, sehen den Lastwagen zurückkehren, auf seiner Ladefläche ein Rennwagen unter einer undurchsichtigen Plane. Es scheint, dass er noch in gutem Zustand ist, er wird an der vorgesehenen Box abgeladen, und die anderen Rennwagen verlassen wieder den Bau.

Die Sonne steht nun schon tief am Horizont zu unserer Linken, hüllt die Gebäude und den Turm vor uns in goldenes Licht. Sie funkelt in den Augen von Antonin, der sich, das Kinn auf den Ellbogen, auf den Zaun stützt. Die Funken hinter den Wagen sind nun sichtbar und wir nehmen eine gewisse Eile der Piloten wahr, da der Tag sich dem Ende zuneigt. Einer, den wir bisher noch nicht gesehen hatten, dreht nun ein paar Runden. Dann, plötzlich, tauchen vier Wagen in Paradeformation auf, als würden sie miteinander spielen, um sich vom Tag zu verabschieden. Eine Runde noch, dann rollen sie alle in die Boxen. Es ist 18 Uhr, und plötzlich ist es still. Wir hören den Wind. Die Sonne hat noch kurz die Landschaft beleuchtet, dann ist sie hinter dem Rand des Horizontes verschwunden.

Ich habe erwartet, dass Antonin auf dem Rückweg müde sein würde. Weit gefehlt. Er hält die Eintrittskarte quer vor sich, hält sie mit beiden Händen und gebraucht sie wie ein Steuerrad, steuert einen imaginären Formel-1-Rennwagen, folgt genau den Kurven und der Linie des Taxichauffeurs. Auch dazu macht er die passenden Geräusche. Im Flughafenterminal müssen wir warten, unsere Maschine hat eine Stunde Verspätung, aber auch hier hat Antonin nicht im Sinn, sich ein wenig auszuruhen. Er rennt in der riesigen Halle hin und her, spielt ohne Unterlass Rennauto zwischen teils reellen, teils vorgestellten Unwägbarkeiten und Überraschungen aller Art. Zu später Stunde im Flugzeug widmet er sich allerlei Aktivitäten und zeigt keine Müdigkeit. Zu Hause angelangt, den Kopf voller Bilder, das Herz übervoll mit Liebe, die Ohren noch gefüllt mit den Überresten der Klänge, die bei jedem Atemzug in der Nähe glauben lassen, es komme ein Auto näher, geht er zu Bett und schläft sofort ein.

Ich verharre in dieser Stille und habe das Bedürfnis, zu erzählen, was wir erlebt haben. Nicht weil es die Geschichte eines Kindes ist, die dazu verleiten könnte, sie als privilegiertes Schicksal einzuordnen, sondern weil es sich um den Inbegriff einer Geschichte handelt, wie sie jedes Kind erzählen kann. Dem begeisterten Kind öffnet sich jede Tür. Jedes Kind strebt nach dieser Kraft und müsste uneingeschränkten Zugang dazu haben, zu dieser Energie, die Teil seiner Grundausstattung ist. Es sind nur die Erwartungen von uns Erwachsenen, unsere Hierarchien, unsere Ideen und Werturteile, die an der Überzeugung der Kinder nagen und sie untergraben – und es wäre doch so einfach, ihnen das zu ersparen.

Die meisten Erwachsenen – selbst die missmutigsten – neigen dazu, sich ins Zeug zu legen, um den Wunsch oder das Bedürfnis eines Kindes zu erfüllen. Für Erwachsene würden sie es kaum oder überhaupt nicht tun. Die überlastete Flugbegleiterin läuft durch das ganze Flugzeug, um das Kind abzuholen, dem sie versprochen hat, sie werde ihr Möglichstes tun, damit es die Piloten im Cockpit besuchen könne, und diese empfangen es beschwingt hinter dieser Tür, die logischerweise für Erwachsene verschlossen bleibt. Der angehimmelte Rockstar lässt das Kind, das ihm die Arme entgegenstreckt, auf die Bühne kommen. Der Kellner im Speisewagen, dem der Sirup ausgegangen war, bringt ein Glas voll, das er vom Kollegen in einem anderen Zug erbettelt hat.

Von Natur aus erweisen wir lieber einem Kind einen Dienst als einem Erwachsenen. Wir geben lieber den kindlichen Wünschen statt als denjenigen der Erwachsenen. Eine erstaunliche Tatsache, die auf der Reinheit der Wünsche des Kindes und auf der tief in uns verankerten Natur als Care-Givers beruht. Aber auch, und vor allem, auf der Begeisterung, mit der Kinder Wünsche äußern und mit der sie unsere Unterstützung, unseren Beitrag, unsere Kompetenz entgegennehmen, *die durch ihre Bitte auf Anhieb anerkannt und vollständig aufgewertet werden.*

Intermezzo: Care-Giving

Das kleine Kind hat gleich zwei Gründe, wie vor den Kopf geschlagen zu sein. Seine Mama ist soeben für ein paar Tage weggefahren, und es durfte nicht im Zug bleiben, als dieser abfuhr, wo ihm doch die Züge so gefallen und es so gerne im Zug verweilt.

In den Armen seines Vaters, der rasch das Team begrüßen will, kommt es bei der Kartbahn an. Die beiden Angestellten sind gerade dabei, sich zum Mittagessen hinzusetzen an die Tischchen, die sie für die Pause aufgeschlagen haben. Das Kind beobachtet sie. Die Lage ist ungewöhnlich. Seine Augen sind ernst und sein Herz schwer. Ein Stuhl ist noch frei am Tisch, und auf dem Tisch steht eine Schüssel voller Pommes-frites. Das Kind kommt näher und Édine streckt ihm einige goldene Pommes-frites entgegen, hält sie mit seinen langen, schlanken Fingern aufrecht am unteren Ende mit einer eleganten, einladenden und tröstlichen Geste. Das kleine Kind nimmt sie entgegen und kaut langsam. Dann setzt es sich. Édine füllt einen kleinen Teller für das Kind, merkt aber rasch, dass es lieber eines nach dem anderen hingehalten bekäme. Pommes-frites nach Pommes-frites bietet ihm der Erwachsene an mit der Geduld, die man dann an den Tag legt, wenn man selbst nicht den Eindruck hat, geduldig sein zu müssen.

Später bringt ihm unsere Freundin Christine, der es ebenfalls ein Anliegen ist, den kleinen Buben aufzumuntern, ein Schüsselchen voller in Würfel geschnittener Melone, das sie speziell für ihn zubereitet hat. Er versucht, ein Stück mit einer der beiden kleinen Gabeln aufzuspießen, aber es gelingt ihm kaum. Édine sieht es und spießt mit der anderen Gabel ein Stück Melone auf und hält es dem Kind so hin, dass es die Gabel bequem in die Hand nehmen kann. Während das Kind isst, nimmt Édine diskret die andere Gabel in die Hand, spießt das nächste Stück der orangefarbenen Frucht auf, hält sie zwischen Daumen und Zeigefinger in Warteposition, den Griff in Richtung der kleinen Hand. Ein anmutsvolles, lautloses, rhythmisches Ballett. Ein Augenblick des Vertrauens, des Rhythmus, des spontanen Rituals und der charakteristischen Haltung des »Dienens«, des Care-Givers, die Édine ganz selbstverständlich eingenommen hat. Ohne Frage, ohne Gegenleistung.

Vertrauen

Es fällt auf, wie groß die Diskrepanz ist zwischen dem, was wir sehen, und dem, was wir in Bezug auf die Erziehung glauben.

Uns wurde eingebläut, das Kleinkind werde zum Tyrannen, wenn man ihm nachgebe, weil es daraus die Lehre ziehen würde, dass es befehlen darf und die Erwachsenen ihm gehorchen müssen. Auf der anderen Seite stellen wir fest, dass die Kinder uns beobachten und uns alles nachmachen. Schlecken wir den Deckel des Joghurtbechers ab, so tun sie es ebenfalls, auch wenn sie vielleicht nur so tun, als schleckten sie wirklich. Beobachten sie uns dabei, eine Zitrone auszupressen, machen sie die Bewegung nach. Sehen sie uns zu, wie wir mit dem Bohrer ein Loch bohren, lernen sie, dass man mit dem Bohrer Löcher macht, und bohren ebenfalls, auch wenn der Bohrer vielleicht nur ein Stück Holz ist. Das gleiche Stück Holz dient dann dem Kind auch als Lenkstange für sein Motorrad, genau wie der runde Pfannkuchen in seinen kleinen Händen zum Lenkrad wird, das es uns im Auto drehen sieht. Man muss ihm das Lenkrad nicht erklären, es muss ihm nicht anvertraut werden, es ist schon Teil seiner Familie. Wenn es uns beobachtet, wie wir bei einer Auseinandersetzung nachgeben, lernt das Kind ganz nebenbei, dass man bei Auseinandersetzungen nachgeben kann.

Wie ist es möglich, das Gegenteil zu glauben? Weshalb sollte die Nachahmung des Vorbildes überall funktionieren mit Ausnahme von ein paar Sonderfällen wie dem Respekt vor anderen und der Bewältigung von Konflikten? Wie kommt es, dass es Menschen gibt, die glauben, ein Kind, das man »zu sehr respektiere«, werde den Respekt verlieren (der bekannte »kleine Tyrann«), während offensichtlich ist, dass ein Kind, dem Respekt entgegengebracht wird, nur Respekt lernt? Weshalb um alles in der Welt glauben wir, ein Kind lerne, bei Auseinandersetzungen auch mal nachzugeben, Konflikte friedlich auszutragen, wenn wir selber ihm gegenüber Zwang anwenden?

Es ist nicht immer einfach, dem großen Bruder zu erklären, dass, wenn er das Spielzeug, um das sie sich streiten, dem kleinen Bruder überlässt, Letzterer damit nicht dazu verleitet wird, »immer recht haben« zu wollen. Sondern dass er ihm damit nur zeigt, dass es möglich ist, nachzugeben, selbst wenn es »ungerecht« ist – ein Beispiel von großem Wert, das nicht vergessen werden wird. Warum sollte das Kind gerade dieses Beispiel in sein Gegenteil verkehren wollen, wenn es das bei allen anderen nicht tut?

Papa, wäre es euch recht, wenn Zoé (meine Frau) und die Kinder (Primerose und Wilfred) ein paar Tage bei uns verbringen würden ab nächstem Dienstag?«

Papa sagt, ohne zu zögern, Ja. Er sagt sogar, es sei gar nicht nötig, um Erlaubnis zu bitten: »Du bist hier daheim.«

Also.

Wir werden sie mit dem Auto am Bahnhof von Poitiers abholen gehen. Papa wird mitkommen. Für Zoé und die Kinder wird es eine lange Reise werden.

Sie sollten nicht zu spät ankommen, damit Zoé, zusätzlich zum vielen Umsteigen, nicht auch noch bettreife Kinder herumschleppen muss, am besten wäre wohl, sie nähmen den TGV, der von Paris um ... schauen wir mal ...

Schauen wir auf der Internetseite der SNCF... sehr schlecht gemacht, diese Website ... Da ist der Fahrplan, aber zuerst muss ich das Datum eingeben und die Anzahl der Reisenden ... eine Erwachsene, zwei Kinder ... Der TGV, der von Paris Montparnasse um 17.14 Uhr abfährt, kommt in Poitiers um 18.32 Uhr an, er fährt direkt.

Damit das Umsteigen vom Bahnhof Gare de Lyon nicht zu stressig wird für Zoé mit den Kindern und dem Gepäck – sie nehmen ein Taxi – müssen sie genug Zeit haben. Der Fahrplan für den TGV, der von Zürich kommt? Ich schaue lieber auf der Schweizer Website. Ah, hier: Wenn sie den TGV nehmen, der in Zürich um 11.34 Uhr abfährt, kommen sie um 15.38 in Paris Gare de Lyon an, rund eineinhalb Stunden vor der Abfahrt vom Bahnhof Montparnasse. Das liegt drin, ohne dass sie sich beeilen müssen.

Also, um gegen 11.00 Uhr in Zürich zu sein, müssen sie in Maienfeld abfahren um … wirklich klar und praktisch, die Schweizer Website … also, wenn es bequem sein soll, 09.28 Uhr ab Sargans, ohne Halt bis Zürich, Ankunft 10.23 Uhr, dort haben sie viel Zeit, können sogar noch etwas einkaufen.

Ich rufe Zoé an. Es wird sie erleichtern, dass sie sich nicht um die Organisation der Reise kümmern muss, neben allem anderen.

»Hallo Zoé? Ich bin's … Weißt du, ich habe angefangen, für eure Reise am Dienstag die Fahrpläne zu studieren … Du müsstest mit dem Auto (sie haben einen VW Käfer!) kurz vor 9 Uhr losfahren … Du kannst entweder in Maienfeld parken, wo du Anschluss hättest, oder bis Sargans fahren und das Auto in der Nähe des Bahnhofs parken. Der Zug nach Zürich, den ihr nehmen müsst, um für den Anschluss nach Paris und dann Poitiers genügend Zeit zu haben und nicht zu spät anzukommen, fährt um 09.28 Uhr in Sargans ab, glaubst du, das ist machbar? Sag mir ruhig, wenn dir das Programm zu gedrängt erscheint, es gibt auch noch andere Verbindungen oder ihr könnt einen späteren Zug nehmen. Am Bahnhof von Poitiers holen wir euch natürlich mit dem Auto ab.«

Zoé bittet mich, ihr all die Abfahrtszeiten und Verbindungen aufzuschreiben, die ich ausgesucht habe. Sie scheint das Ganze ziemlich einfach zu finden.

Am Schluss füge ich hinzu: »Ich schicke dir alle Abfahrts- und Ankunftszeiten sofort per E-Mail.« Dann wollen die Kinder mit mir reden, vor allem Wilfred.

»Alles in Ordnung, Wilfred? Bald macht ihr eine Reise und kommt zu uns. Pass gut auf Mama auf!«

Am Ende des Gesprächs lege ich auf.

»Papa? Es ist alles abgemacht für Dienstag, wenn Zoé und die Kinder kommen. Wir holen sie doch mit dem Auto in Poitiers ab, nicht wahr? Wir müssen gegen 17.30 Uhr losfahren ...«

Der Geschichte, die Sie eben gelesen haben, habe ich gebannt und mit offenen Ohren beigewohnt, als mein Sohn sie im Auto spielte, auf dem Rücksitz sitzend, während einer gemeinsamen Fahrt.

Wir meinen, das Kind spiele einfach so vor sich hin, aber es geht um viel mehr. Im Spiel, in seiner gegenwärtigen Welt, versetzt es sich in die Zukunft. Es sieht sich als »Erwachsenen«, der sich wie ein Erwachsener verhält. Die Rücksicht, die es in dieser Zukunft an den Tag legen wird, die Verantwortung, die es aus freien Stücken übernehmen will, beweisen schon jetzt, dass es sie bei den Erwachsenen, die es umgeben, gesehen hat. Dass es sie sich zu eigen gemacht, in seine eigene Zukunft integriert hat – auch wenn es sie in der Gegenwart noch nicht in die Tat umsetzt. Im Jetzt spielt es sie. Es ist sogar sehr wahrscheinlich, dass es sich weigert, sie schon heute in die Tat umzusetzen, denn heute, in der Realität, möchte es nicht verantwortlich sein für die Abfahrtszeiten der Züge, denn das ist noch nicht seine Welt.

Machen wir uns also keine Sorgen, wenn es sich sträubt, »einen Dienst zu erweisen, während alle sich für das Kind in Stücke reißen«. Es ist nicht auf dem Weg, passiv und faul zu werden. Es muss nicht »so früh wie möglich« den Sinn von Verantwortung und Anstrengung lernen: Es hat ihn schon in seine Zukunft eingebaut, weil es uns in der Gegenwart beobachtet hat. Und je mehr Freiheit wir ihm geben, je weniger Anstrengungen wir heute unternehmen, damit es morgen zu einem besseren Menschen wird, desto eher wird ihm das alles ganz natürlich erscheinen.

Wenn es heute »untätig« bleibt und uns zuschaut, wie wir ihm seine Brötchen streichen, sieht es sich selbst in der Zukunft, wie es für seine Kinder die Brötchen streicht – und nicht, wie es passiv darauf wartet, dass seine zukünftigen Kinder *ihm* seine Brote streichen.

Intermezzo: Der Kenner

Ein Herr kreist wie ein Adler über ein paar Schmuckstücken aus genietetem Stahl. Er weiß sofort, ohne dass er sie umdrehen müsste, dass es sich um ein Objekt aus gutem Stahl handelt. Hartstahl, anders als der Knopf daneben, der aus weichem Stahl besteht, auf Messing genietet. Er erkennt die Gegenstände in der Vitrine ohne Weiteres, trotz des Durcheinanders: Umhangschleife, Gürtelschlaufe, Schuhschnalle, Zwickerkette, Pfriem, Dochtschere … Diese Kenntnisse, die er sich in der Kindheit angeeignet hat, überraschen nicht nur die Flohmarktverkäufer, sondern auch ihn selbst, handelt es sich doch um Kenntnisse, die er vor vierzig Jahren erworben hat und die ihm seither nie mehr von Nutzen waren. Sie haben sich ihm eingeprägt, ohne dass er es wollte, einfach weil er Zugang dazu hatte. Sie sind ihm zugefallen. Die Spezialisten waren seine Eltern, routinierte Sammler, die ihre Begeisterung vor seinen Augen ausgelebt haben, in ihrem gemeinsamen Alltag, der für ihn frei von Zweifeln war. Er war einfach dabei, aufmerksam und ohne eigenes Projekt. Und nun stellt er fest, dass vierzig Jahre danach alles noch vorhanden ist, dass er ohne sein Zutun selbst zum Kenner geworden ist.

Erweiterte Realität – durch Vorstellungskraft oder umgekehrt

Kinder unterscheiden genau zwischen *Spielzeug* und *Zeug zum Spielen*. Darum muss ein Spielzeug, das man kauft, so realistisch wie möglich sein, damit es gefällt. Ich erinnere mich, wie sehr ich irritiert war, wenn die Spielzeugautos als Rücklichter nur eine rote Schiene hatten, was leider meistens der Fall war, und welche Lösungen ich suchen musste mit Klebeetiketten oder Modellpaste, damit die Blinker wie in der Wirklichkeit europäischer Straßen orange wurden und das Rücklicht durchsichtig. Ich erinnere mich auch, dass ich die Modellautos verabscheute, die reine Fantasie waren, nur als Spielzeug hergestellt wurden und keinem wirklichen Auto entsprachen. Andererseits kann das erstbeste Stück Holz in eine Lokomotive verwandelt werden oder in die Lenkstange eines Motorrads. Wird daraus ein Ritual, überträgt sich diese Vision auf die ganze Umgebung. In einem Waldkindergarten hat ein Junge ein Holzscheit aufgehoben, das ursprünglich dazu dienen sollte, Feuer zu machen. Er erklärte sofort, dies sei sein Baby. Dieses ernsthafte Spiel wurde am nächsten Tag fortgesetzt, wurde zu einem Ritual, und das Holzscheit wurde zum offiziellen Baby des ganzen Kindergartens. Seitdem wachen alle, klein und groß, darüber. Alle tragen es auf den Armen während der Spaziergänge, alle sind in Sorge und suchen es, wenn es aus den Augen verloren wird, alle ziehen es im Winter warm an, leicht im Sommer und an Regentagen wasserdicht.

Ein anderes Kind, knapp dreijährig, geht zwischen den Gestellen eines Sportgeschäfts herum und hält unvermittelt vor den Rollschuhen an. Es beugt sich über sie und versucht, die Lage abzuschätzen: Das sind doch Schuhe, zweifellos, aber ebenso unfehlbar haben sie vier Räder. Was vier Räder hat, ist doch ein Auto. Das Kind nimmt einen Rollschuh vom Gestell, stellt ihn auf den Boden, legt sich daneben und lässt ihn vor seinen Augen fahren. Dazu macht es das Geräusch der Autos nach. Das Objekt hat sich verwandelt. Zeichnet ein Künstler auf die Spitze des Rollschuhs einen Kühlergrill und Scheinwerfer, zeichnet Türgriffe, Fenster und eine Windschutzscheibe auf den Schaft des Schuhs, finden wir diese »Zweckentfremdung« sehr geistreich und kreativ. Das ist genau das, was das Kind macht, und es hat es dabei nicht nötig, dass sich das Bild materialisiert, das es innerlich über das abgewandelte Objekt legt.

Kinder sind Grenzbewohner, die auf der Demarkationslinie zwischen der realen Welt und der imaginären Welt wohnen – aber im Gegensatz zu uns trennen sie die beiden Welten nicht, sie machen sie nicht undurchlässig füreinander. Sie ziehen ständig von der einen zu der anderen um, suchen in der Wirklichkeit einen Stein und machen aus ihm in der imaginären Welt ein Auto, weil eine gewisse Rundung des Steins sie an ein Kotflügel erinnert oder weil zwei verschiedenfarbige Einschlüsse aussehen wie Rücklichter. Denken wir daran, dass wir diese Fähigkeit »Kreativität« nennen, ein seltener Begriff, der in der Folge sehr wertvoll und gesucht sein wird, sobald das Erwachsenenalter erreicht ist … Kreativität gehört zu unserer Grundausstattung, sollte uns eigentlich nie mehr abhandenkommen, und doch verlässt sie uns von dem Moment an – der leider immer früher kommt –, in dem uns mit Sätzen wie »Kehre ein bisschen in die Wirklichkeit zurück«, oder »In der *wahren Welt* ist dies oder das so nicht möglich«, oder »Träumen ist schön, komm aber wieder auf den Boden«, zu verstehen gegeben wird, dass die Realität nicht nur von der imaginäre Welt getrennt ist, sondern dass sie auch viel wichtiger ist und mehr geachtet.

Wo endet die Begeisterung und beginnt der »Ernst des Lebens«? Wir Erwachsene haben uns angewöhnt, das Untrennbare zu trennen, diesen Bruch als universellen Kampf anzunehmen und die Suche nach einem Pseudogleichgewicht zwischen den beiden Extremen als Notwendigkeit. Je weiter das Pendel bei dieser Suche jedoch nach der mühsamen Seite ausschlägt, größere Anstrengungen verlangt und weniger Freude macht, desto sicherer ist uns die stillschweigende Anerkennung der Gesellschaft.

Begeisterung und »Ernst des Lebens« sind eng miteinander verbunden. Am Anfang bilden sie eine untrennbare Einheit, genau wie andere Zusammenhänge, die wir voneinander trennen: Wirklichkeit und Fantasie, Spiel und Lernen, Anstrengung und Entspannung, Traum und Realität. Wirklich gut geht es uns aber doch nur, wenn wir all diese Dinge wieder zusammenführen, wenn wir aufhören, sie zu trennen, wenn wir ihnen wieder die gleichgestellte Bedeutung zumessen, die sie in unseren Kinderaugen hatten.

Diese Fähigkeit, aus jeder Lebenslage einen Spielraum, aus jedem Gegenstand ein Spiel-Zeug zu machen, auch wenn Form, Dimensionen oder Maßstab nicht dem entsprechen, was das Kind ihm zuschreibt, hat zu einem verhängnisvollen Missverständnis geführt. Wir haben daraus abgeleitet, dass die Welt des Kindes frei erfunden, unverhältnismäßig, approximativ und manchmal possenhaft sei. Also haben wir begonnen, Spielsachen herzustellen, die immer unrealistischer werden, in knalligen Farben, mit absurden Attributen ausstaffiert wie lächelnde Münder an Lokomotiven oder Augen an Autos – das ist nichts als das Gegenteil dessen, was ein Kind von einem Spielzeug erwartet: ein getreuliches und realistisches Abbild der Wirklichkeit, nur kleiner, seiner Größe, seiner Hand entsprechend. Etwas, was auch wir kennen, denn es geschieht auch mit uns, wenn wir für die Miniaturtassen schwärmen, die im Schaufenster eines Spielzeuggeschäftes ausgestellt sind: »Sie sind so klein und doch so naturgetreu, sie sehen aus wie echt!«.

Verglichen mit der tiefen Befriedigung, die von realistischen Spielsachen ausgeht, erscheinen die grotesken Gegenstände, die angeblich »kindgerecht« sind und mit denen sich kein Erwachsener öffentlich zeigen würde, nicht nur wie eine Beleidigung des feinen Gespürs des Kindes für Miniaturen und für Realismus, sondern auch wie die Demütigung, nicht ernst genommen zu werden. Und daraus schließen zu müssen, nichts Besseres zu verdienen, anders als die anderen behandelt zu werden, von der Gemeinschaft der Menschen ausgeschlossen zu werden, sich im Getto der Kindheit wiederzufinden. Die Neurobiologie hat aufgezeigt, dass das Gefühl, ausgegrenzt zu werden, zu den schmerzlichsten Empfindungen gehört, die wir erfahren können, und dass es dieselben neuronalen Netzwerke aktiviert wie der körperliche Schmerz.

Damit es diesen Schmerz nicht zu erdulden hat, muss das Kind an den Mauern seines Gettos selbst bauen, sich davon überzeugen, dass dies seine Welt sei, dass sie ihm gefalle, dass es nicht der Gemeinschaft der Menschen angehört (denn dies war ursprünglich seine Überzeugung und seine Wirklichkeit), sondern nur der Gemeinschaft der Kinder. Zu der Gemeinschaft derer, die aus Loyalität gegenüber ihrem Spieltrieb akzeptieren, mit einem Plastikauto zu spielen, das einen Hut trägt und mit einer ulkigen Hupe versehen ist.

Eine weitere Quelle von Missverständnissen ist, dass wir »spielen« mit »sich vergnügen« verwechseln. Und dann auch noch »Vergnügen« mit »Gelächter« vermischt haben. Wohl ist es wahr, dass Kinder gerne lachen und dabei unwiderstehlich sind, echt und bar jedes Zynismus. Aber Lachen ist kurzlebig. Das Spiel unserer Kinder hingegen ist grenzenlos, vor allem aber ist es stetig, konzentriert, betroffen, unter Einsatz aller Kräfte – die Kinder spielen nicht um des Vergnügtseins willen.

Die Groteske, die wir aus der Welt der Kinder gemacht haben, endet nicht bei den Spielsachen. Sie beschlägt auch Bücher, Comics und andere Publikationen, die für sie gedacht sind. Unter dem Vorwand einer perfekten Bearbeitung für Kinder oder gar versehen mit einem zertifizierten pädagogischen Siegel, beschlägt sie auch immer schneller die Welt der Bildschirme, die in wenigen Jahren die bevorzugte Welt unserer Kinder geworden ist, aber durch die Groteske eher zu einem neuartigen Rattenfänger von Hameln gemacht wurde. Die wahre Gefahr, die von dem ausgeht, was allgemein als »Bildschirme« bezeichnet wird, ist die Scheußlichkeit ihrer Inhalte und die Haltung, die ihnen zugrunde liegt – und nicht die mögliche Abhängigkeit, die jeder zu sehen glaubt und meint, kritisieren zu müssen. Man beschränkt sich auf die Form und stellt zu den Gründen keine Fragen.

Reden wir also über Bildschirme.

Bildschirme

Warum führen Bildschirme zu einer Abhängigkeit, die anscheinend so groß ist, dass unsere Kinder, würden wir sie machen lassen, sich nichts anderem mehr widmen würden?

Wir können nur feststellen, dass die Kinder unweigerlich abtauchen, wenn sie sich dem schwarzen Loch zu sehr nähern, das sie hinüberziehen will in die virtuelle Welt. Und weil das, was alle sehen, leicht mit Konsens zu verwechseln ist, werden übereilte und zu einfache Schlüsse gezogen. Die angebliche Schädlichkeit des Bildschirmes hat sehr schnell dazu geführt, dass Ursache und Wirkung nicht mehr unterschieden werden, und umso weniger, weil es wissenschaftliche Studien gibt, die sehr seriös wirken und im Bildschirm die Ursache für verschiedene neue Leiden vieler Kinder sehen.

Wer sich mit Unfallursachenforschung beschäftigt, kennt das Schweizer-Käse-Modell des britischen Psychologen James Reason. Es zeigt auf, dass eine Unfallursache niemals allein kommt und man alle Faktoren, Fehlleistungen und Situationen, die zum Unfall führen, berücksichtigen muss. Sich auf den Bildschirm zu konzentrieren, wenn festgestellt wird, dass moderne Kinder unter bestimmten Störungen leiden, und alle anderen Faktoren zu vernachlässigen, die zu ähnlichen Störungen führen (wie der raffinierte Zucker, Pestizide, blaues LED-Licht etc.), geht in Richtung Populismus. Und, was noch schlimmer ist: Es blendet die wahre Ursache der Abhängigkeit aus.

Ich bin überzeugt, dass der Abhängigkeitseffekt des Bildschirms nur ein Symptom ist. Was aber ist die Ursache? Reden wir nicht lange darum herum: Nur die virtuelle Welt bietet unseren Kinder einen Raum, in welchem sie die Helden sein können, die sie zu sein wünschen, und dabei tun können, was sie wollen, nämlich spielen, während die reale Welt nicht aufhört, ihnen weiszumachen, dass Spielen nichts als Zeitvertreib für die Freizeit ist. Dass sie sich erst am Anfang eines langen Weges befinden. Und dass nur, wenn sie Fleiß an den Tag legen für die ernsthaften Beschäftigungen und sich entsprechend anstrengen, ihnen vielleicht, wenn auch eher selten, gestattet sein wird, den Status eines Helden zu erreichen.

Anders ausgedrückt: Aus der Sicht des Kindes ist die virtuelle Welt attraktiver als die reelle. Sie erlaubt ihm, das zu erleben, was in der anderen Welt unerreichbar ist. Es ist deshalb nicht schwer nachzuvollziehen, warum das Kind die virtuelle Welt, hat es sie erst entdeckt, nicht mehr verlassen will.

Eine verstörende Tatsache: Es ist nicht die virtuelle Welt, die eine Gefahr für unsere Kinder darstellt, sondern die reale Welt! Wir müssen deshalb nicht daran arbeiten, die virtuelle Welt zu verbieten (und das Symptom zu bekämpfen statt der Ursache), sondern daran, die reale Welt ebenso so anziehend zu gestalten wie die virtuelle. Gelingt dies, so ist die Gefahr der Abhängigkeit vom Bildschirm gebannt.

Kürzlich habe ich eine (von der Stadt und vom Staat unterstützte) Betreuungsstätte für Kleinkinder besucht, in der man eine unwiderstehliche Umgebung geschaffen hat, hell, fröhlich und blumig, mit Rutschbahnen, Kissen und Objekten, auf die man klettern kann, auf denen man hüpfen oder rutschen kann; kleine Häuschen, in denen man spielen oder sich verstecken kann, eine Ecke mit kleinen Kochherden und allem, was dazu gehört, Pizzen und Früchte aus Holz, die man schneiden kann, kleine Tassen, Bauklötze und unzählige Steine vom geschätztesten aller Baukastensysteme … und alles wird am Abend von den Mitarbeiterinnen und Mitarbeitern aufgeräumt, die diese Aufgabe nicht als eine Last, sondern als grundlegend für ihre Arbeit als »Dienende« betrachten. So viele Spielsachen von hoher Qualität und so viele begeisterte Kinder, die sich ihnen in Harmonie widmen: Da bleibt für den Bildschirm kein Platz. Nebenbei erwähnt vermissen auch die Tagesmütter, die mit den Kindern in die Betreuungsstätte kommen, den Bildschirm nicht: Sie ziehen es vor, diese Landschaft zu betrachten, einen Tee zu trinken und dazu das Gebäck zu essen, das offeriert wird.

Untersuchungen aus Deutschland zeigen auf, dass die Quantität der Stunden, die vor dem Bildschirm verbracht werden, umgekehrt proportional ist zur Qualität der Stunden ohne Bildschirm.

Ein konkretes Beispiel: Antonin spielt mit seinem ganzen Wesen auf seinem Tablet ein Rennsimulationsspiel. Da er das virtuelle Spiel wie ein »Training« für seine Tätigkeit als Pilot auffasst, lässt er sich davon so in Beschlag nehmen, dass es scheint, als schotte er sich von der realen Welt ab. Sobald aber die Stunde gekommen ist, um tatsächlich auf die Rennbahn zu gehen, wenn es darum geht, zu »wählen«, ob er ein virtuelles Fahrzeug lenken will oder seinen Gokart, entscheidet er sich ohne Zögern dafür, mit dem wirklichen Fahrzeug auf die Piste zu gehen: Die reale Welt ist anziehender geworden als die virtuelle.

Wenn es andere Anziehungspunkte für unsere Kinder gibt als den Bildschirm, wird Letzterer von seiner Abhängigkeitsgefahr befreit. Die fundamentale Problematik liegt also viel weiter zurück als der Moment, an dem sich unsere Kinder vor den Bildschirm setzen. Das wahre Problem ist unsere Haltung unseren Kindern gegenüber. Unsere Haltung bildet die Grundlage für die echte Gefahr, die im vorherigen Kapitel erwähnt wurde: die Qualität der Inhalte, die der Bildschirm vermittelt. Im Geist eines Kindes macht es einen Unterschied, ob es sich in einen Dokumentarfilm über Insekten vertieft oder in eine dieser karikaturartigen Sendungen, die der verbreiteten infantilisierenden Haltung entspringen und sich der inzwischen gut untersuchten Methoden bedienen, wie die Aufmerksamkeit der Kinder gewonnen wird: Farben, Klänge, Handlungen. Wir meinen, das interessiere sie, wir sagen, wie sehr sie das lieben, aber wir irren uns: Diese Inhalte saugen sie schlicht fest. Die knalligen Bilder wirken auf das Kind wie Zucker: Sie verführen und entwaffnen es.

Wenn es auch lobenswert ist, dass einige Anbieter wie YouTube Kids den Kindern »sichere« Videos anbieten, die frei sind von Gewalt, von Pornografie, von zweifelhaften Aussagen, von automatischer Wiedergabe etc., sollten diese Anbieter aber ebenso aufmerksam über die Qualität der Inhalte wachen, die sie verbreiten. Dass in dem Alter, in dem sich Geschmack und freier Wille ausbilden, sich Kinder jene Videos anschauen, die ihnen gegenwärtig angeboten werden, mit grotesker Grafik, verblödenden Stimmen, simplifizierter Handlung und der generellen Einstellung, Kinder für blöd zu halten, stellt eine starke Gefahr dar, die nicht wahrgenommen wird: die Gefahr der Nivellierung nach unten, die Gefahr, Kinder sinnlich und sozial ins Getto der Kindheit zu verbannen; das Getto derjenigen, die man davon überzeugt hat, dies sei das Gesetz, an das sie sich zu halten hätten; das Getto derjenigen, denen man nicht zutraut, dass »wahre« Inhalte ihnen den Zugang zu Aspekten der Kultur ermöglichen würden, die sie genauso faszinieren könnten, auch wenn sie noch so jung sind, auch wenn sie noch »nicht alles verstehen«. Zum Beispiel, und ich zitiere nur, was mir spontan in den Sinn kommt und was sie interessieren könnte: Dokumentarfilme über Tiere, Auszüge aus Opern, die Filme von Chaplin, alle Filme, für Kinder ebenso geeignet wie für Erwachsene, die Geschichten von Tieren, Menschen und Maschinen erzählen: eine Liste, die leicht zusammengestellt werden kann, gibt es doch zahllose Filme dieser Art. Ganz abgesehen von all den Inhalten, die man von Karikatur und Diskriminierung befreien könnte und die noch zu erfinden sind.

Ein letzter Gedanke zur Gefahr der modernen Inhalte, die speziell den Kindern gewidmet sind: Sie treiben einen Keil zwischen Eltern und Kinder. Die meisten Erwachsenen sagen oder denken: »Ich finde das ziemlich hässlich und ein bisschen dümmlich … aber den Kindern gefällt es …« Die knalligen Farben, die simplifizierten und lächerlich machenden »Dramaturgien« stören die Synchronie zwischen Erwachsenen und Kindern. Die Erwachsenen sehen den »Trick« des Zauberers, den das Kind aus Loyalität nicht einmal sucht. Die Folge ist, dass Erwachsene und Kinder nicht gemeinsam »sehen«. Doch gemeinsam sehen, vereint betrachten, bedeutet gemeinsam aufmerksam zu sein.

Shared Attention

Das Verlangen, gemeinsam zu schauen, die Freude der Aufmerksamkeit, die man miteinander teilt, ist stufenlos: Ob man auf einem Stuhl neben Mama am Fenster steht, um der Katze zuzuschauen, die im Garten spielt, oder auf den Knien eines Erwachsenen sitzt, um miteinander einen Film anzuschauen – so oder so empfindet das Kind die miteinander geteilte, gleiche Aufmerksamkeit, die Kraft gibt und Trost. Es ist dieselbe besondere Freude des gemeinsamen Erlebens synchronisierter Begeisterung, ob sie in einem Stadion aufkommt, wenn Tausende von Fans mitfiebern, oder vor dem Bildschirm, vorausgesetzt, man sitzt neben seinem Papa und er erlebt diesen Moment gleich intensiv.

Antonin und ich waren miteinander bei einem Autorennen in den Straßen von Paris. Es regnete und die Autos kamen immer wieder ins Schleudern. Jedes Rutschen vor unserer Tribüne hat ein mitreißendes »Ooooooohhhh« von Hunderten von Zuschauern ausgelöst. Ein aufgeregter Antonin verfolgte die Ereignisse und beteiligte sich an den »Ooooooohhhh« aus vollem Hals, gepackt von der eigenen Begeisterung und der Begeisterung der anderen, aufgehoben in der Stimmung, die mehr war als nur Zustimmung – weil Teilen viel mehr ist, als nur grünes Licht zu bekommen.

Einige Zeit danach haben wir gemeinsam eine TV-Serie angeschaut, die sich einer packenden Form von Automobilsport widmet. Auch dabei entstand ein hohes Niveau von Shared Attention: Antonin zeigte denselben Grad von Engagement, Teilnahme, geteilter Aufregung, gemeinsam erlebter Spannung, die zu der gleichen Beschleunigung der Herzfrequenz führt, zu denselben Befürchtungen und denselben Hoffnungen. Er schrie fast so laut wie im Freien, mitgerissen vom Chor der anderen: die gleichen Ausbrüche von Freude, der gleiche Countdown vor dem Höhepunkt: »7, 8, 9, 10 Sekunden … jaaaaaaaaaaa!«, und drehte sich zu mir um, zu der Person, die mehr gab als nur Zustimmung.

Zahlreiche Studien zeigen die Stärke der »Kopplung von Neuronen« auf. Es handelt sich um ein Phänomen, das zum Beispiel bei Personen zu beobachten ist, die gemeinsam die gleiche Geschichte anhören. Die Frequenz der Wellen ihrer Hirne wird synchronisiert. Zwischen dem Hirn eines Kindes und eines Erwachsenen im Modus der Shared Attention[6], zum Beispiel beim gemeinsamen Spielen[7], ist diese Kopplung noch spektakulärer. Das Hirn des Kindes »führt« manchmal dasjenige der Erwachsenen zum nächsten Punkt, auf den sie ihre Aufmerksamkeit lenken sollen, und das Hirn der Erwachsenen nimmt das Hirn des Kindes in Gebiete mit, für die man das Gehirn des Kindes seiner Entwicklung entsprechend für noch nicht reif gehalten hätte: Gebiete, die in diesen Momenten gemeinsamer Aufmerksamkeit »verfrüht« aktiviert werden.

Das erklärt, warum die Sehnsucht nach dieser miteinander geteilten Konzentration so heftig ist und warum das Kind sie immer wieder einfordert: »Mama? Oh, schau!!«, sagt schon das ganz kleine Kind, sobald es bemerkt – und das tut es augenblicklich –, dass die Person an seiner Seite die Aufmerksamkeit auf etwas anderes richtet. Die Befürchtung, die andere Person könnte etwas verpassen, was gerade geschieht, stört die Aufmerksamkeit des Kindes: Es bittet darum, sich wieder gemeinsam darauf zu fokussieren.

Allein vor einem Bildschirm zu sitzen, der das Kind beschäftigen soll, während seine Eltern etwas anderes machen, ist allerdings das Gegenteil von gemeinsamer Aufmerksamkeit. Als Kind möchte man am Leben der anderen teilhaben, doch diese sind anderswo und man sitzt allein. Die Eltern denken, dass das Kind diese Inhalte liebt, und halten die Tatsache, dass es so von ihnen gepackt ist, für *den Beweis dafür*: Aber das Kind ist nicht aus Interesse gefesselt, *sondern* wird absorbiert von den Farben, den Klängen und der Handlung am Bildschirm …

TV-Serien, nebenbei gesagt, können den Bildschirm zu einem Ritual machen, und sei es nur, dass man sich jeden Abend gemeinsam nach dem Essen eine Folge anschaut und sicher sein kann, dass jedes Mal dieselbe Musik, derselbe Vorspann escheinen wird.

Virtuell konkret

Wenn das Kind uns erzählt, was es am Bildschirm gesehen und dabei gelernt hat; wenn es uns die Geschichte erklärt, die es dadurch entdeckt hat; wenn das Kind das, was es soeben am Bildschirm gesehen hat, spielt – ein Duell mit Säbeln, eine magische Formel oder die Erklärung des Sonnensystems – und auf diese Weise das Gesehene umsetzt und dabei haptisch, dreidimensional und lebendig anwendet; wenn es das, was es virtuell erlebt hat, auf dieselbe Weise im wirklichen Leben verkörpert, wie es das mit jeder anderen Information tut, die es aus anderen, ebenso unabdingbaren Quellen gewinnt (alle Faktoren der Freiheit), dann zeigt uns der Bildschirm, welch außerordentliche Bereicherung er darstellen kann.

Hat ein Kind Filme über den Start von Raketen gesehen, so geht es hin und macht es in seiner Wirklichkeit nach. Sieht es eine Reportage über den Bau eines Autos, verlässt es den Bildschirm, um selbst ein Auto zu bauen. Die Inspiration, die aus der virtuellen Welt kommt, ist ebenso konkret wie die aus der realen Welt stammende. Schaut ein Kind zu, wie ein Auto durch die Waschstraße fährt, sucht es zu Hause die Bürste, mit der die Trinkflasche gereinigt wird, und braucht sie, um seine Autos im Maßstab 1:43 zu waschen. Sieht es ein Rezept in einem Buch, will es einen Kuchen backen, sieht es ein Ballett, will es tanzen.

Darren Cox, Direktor des Nissan-Stalls, sagt in der von Amazon produzierten Serie über die 24 Stunden von Le Mans: »Ein Drittel unserer Piloten sind Videospieler. Vor drei oder vier Jahren waren diese Burschen an der Konsole und heute messen sie sich mit ehemaligen Formel-1-Piloten. Ich denke, dass ein Spieler eines Tages Le Mans gewinnen wird. Eigentlich denke ich, dass eines Tages ein Spieler (ein Gamer) Weltmeister in der Formel 1 werden wird. Warum ich das denke? Die Umstände des Automobilsports sind so, dass Reelles und Virtuelles sich vermischen.

Die Eltern eines der Piloten erzählen: »Zu Beginn war es schwierig, zum Beispiel den Großeltern zu erklären, dass er ein Videospiel gespielt hatte, auf seinem Computer, in seinem Zimmer, und dass er nun in einem richtigen Rennwagen sitzt, im wahren Leben.«

Abschirmung

Nur in einem Fall stellen Bildschirme wirklich eine Gefahr dar, da stimmen alle Studien, alle Spezialisten und all unsere Instinkte überein: wenn die Bildschirme einen Schirm, eine Nebelwand bilden.

Ein Neugeborenes sieht nur auf eine Distanz von 30 cm klar, das entspricht der Distanz zwischen dem Blick des Kindes und seiner Mutter oder seines Vaters, wenn diese es in ihren Armen halten. Die Arbeiten von Dr. Jean-Marie Delassus weisen auf besonders erhellende Art nach, dass nur der Austausch dieser Blicke die »Software« des Kindes neu programmieren kann, das aus einer vollkommen homogenen Welt (dem Bauch seiner Mutter, wo es nie zu warm oder zu kalt, die Temperatur immer gleich und genau richtig ist) in eine binäre Welt, unsere Welt, gekommen ist (wo es Hitze und Kälte gibt). Diese Neuprogrammierung ist unabdingbar für sein Überleben und kann nur durch den Austausch dieser Blicke stattfinden. Es ist nicht schwer, sich vorzustellen, wie verloren sich das Kind fühlt, wenn diese Verbindung fehlt. Nun befindet sich zwischen den Augen des Säuglings und denjenigen seiner Eltern immer öfter ein Schirm – und das ist wörtlich zu verstehen – wenn die Eltern mit dem Bildschirm beschäftigt sind, während sie das Kind in den Armen halten, wie wir das alle schon mal erlebt haben.

Unter diesen Umständen ist das Kind tatsächlich ein Opfer des Bildschirms, wenn auch indirekt. Der Bruch der entscheidenden postnatalen Verbindung zwischen dem Neugeborenen und seinen Eltern stellt eine viel größere Gefahr dar als die Zeit, die Kinder vor dem Bildschirm verbringen. Heutzutage, wo die Bindungstheorie[8] etabliert ist, ist es an uns, ihr Rechnung zu tragen. Tun wir es nicht, werden wir Symptome für Ursachen halten.

Viele Kinder drücken sehr deutlich aus, dass sie sich wünschen, dass wir uns von unseren Bildschirmen lösen, wenn wir mit ihnen spielen oder auf irgendeine sonstige Weise interagieren.

Keine Diät funktioniert, auch keine digitale …

Letztlich folgt aus all dem Vorangegangenen, dass wir uns sehr viel weniger Sorgen um die Anzahl Stunden machen können, die unsere Kinder in der virtuellen Welt verbringen, vorausgesetzt, dass wir über die Qualität der Zeit wachen, die sie ohne Bildschirm verbringen, und über die Qualität der Inhalte, die sie darin verfolgen. Und das ist eine gute Nachricht, in Zeiten, die Angst machen und in einer Zeit, in der die Zukunft unserer Kinder ohne Digitaltechnologie nicht mehr denkbar ist.

Auch wenn wir in der Gegenwart bleiben: Eine heutige Kindheit ohne Bildschirm wäre nicht realistisch. Wir leben es den Kindern vor. Seit jeher spielen sie unsere Welt. Mit geschlossenen Augen projizieren sie sich in die Zukunft, in der sie sich als Erwachsene sehen, die das Leben leben, das wir heute vor ihren Augen leben. Sie sehen sich arbeiten wie wir, sie stellen sich vor, dieselben Werkzeuge zu verwenden wie wir. Eine Welt ohne Bildschirme existiert nicht mehr, und selbst wenn man sie aus der familiären Blase ausschließen würde, wären sie im gesellschaftlichen Alltag doch omnipräsent. Es wäre künstlich und höchst diskriminierend, für unsere Kinder eine parallele Welt zu erfinden, in welcher der Gebrauch von Bildschirmen verboten wäre, wo doch überall zu sehen ist, dass die Mehrzahl der Erwachsenen einen Großteil ihrer Zeit vor dem Bildschirm verbringt, sei es zum Vergnügen oder um zu arbeiten.

Und sollte uns der Bildschirm von Zeit zu Zeit als Babysitter dienen, müssen wir deswegen kein schlechtes Gewissen mehr haben …

Gender

Warum empfinden Erwachsene eigentlich immer einen Schock, wenn sie feststellen, dass sie sich in der Erkennung des Geschlechts eines Kindes geirrt haben? Antonin mit seinen großen, hellen Augen, seinen zarten Gesichtszügen und seinem langen, blonden Zopf ist ein Kind wie alle anderen. Wären Kleidung und Frisur nicht, wäre es unmöglich, ein Mädchen von einem Knaben zu unterscheiden, aber einige Konventionen sind so verankert, dass ein Pferdeschwanz genügt, um 100% der Personen in die »Irre« zu führen. Dass man mich ab und zu für ein Mädchen gehalten hat, als ich im Alter von Antonin war, hat mich damals amüsiert, ich habe gerne damit gespielt. Antonin reagiert militanter, aber nicht weniger spielerisch. Eines ist sicher: Kinder sind viel freier als wir in Bezug auf das Geschlecht. Am Anfang ist ihnen das Gender-Konzept gar nicht so bewusst, oder wenigstens übernehmen sie nicht unsere binäre und kleinkarierte Vision davon. Würden wir ihnen erklären, es gebe genauso viele Geschlechter wie Menschen, wäre es für sie das Natürlichste der Welt, sehen sie doch um sich herum nur Abweichungen und Unterschiede. Zudem haben sie keinen Grund, sich mit einem Geschlecht eher zu identifizieren als mit dem anderen, sie sind frei von unseren Hierarchien, sie sehen sich als Teil einer großen Gemeinschaft. Das Gendering, das sich in jedem Winkel unserer Gesellschaft eingenistet hat, erwischt sie später und setzt sich in ihnen nicht deshalb fest, weil es naturgegeben wäre, sondern weil sie so sozialloyal sind.

Wenn ich von Schock rede, übertreibe ich nicht. Die Eigentümerin der Pizzeria, in der wir gegessen haben, wendet sich an Antonin: »Und was bekommt das Fräulein?« Antonin, an solche Szenen gewöhnt, antwortet in einem Zug und mit neutraler Stimme: »Ich nehme eine Calzone ohne Schinken – und ich bin ein Junge.« Die Dame weicht zurück: »Wirklich?!« Sie hält die Hand vor den Mund und sagt, sichtlich erschrocken: »Ach, es tut mir so sehr leid, es ist wegen der Haare, ich wollte nicht …«

Niemand wird je wissen, was sie nicht wollte. Wir beruhigen sie aber und sagen ihr, sie sei nicht die Erste und werde auch nicht die Letzte sein … Sie wäre eher »die Erste gewesen, die sich nicht hätte täuschen lassen«, und dass es für Antonin kein Problem sei.

Sie geht und gibt die Bestellung auf, mit gesenktem Kopf, als hätte sie einen riesigen Fehler gemacht. Als ich ein paar Minuten später von der Toilette komme, eilt sie mir entgegen und fragt, noch immer untröstlich und mit einem reumütigen Ton in der Stimme – der sich vermischt mit der halblauten Art, wie Erwachsene hinter dem Rücken der Kinder konspirieren – was sie zur Wiedergutmachung tun könnte. Sie schlägt vor: »Soll ich ihm vielleicht ein Eis bringen?«

Kürzlich sind wir beim Training bei der Kart-Bahn einer anderen Dame begegnet. Sie bewunderte Antonin, wie er sich virtuos inmitten aller Anfänger bewegte, und sagte mehrmals zu uns: »Also wirklich, sie ist begabt, sie ist leidenschaftlich, sie ist wirklich sehr schnell.« Wir haben gelächelt und nichts richtiggestellt, es hätte ja unbemerkt vorübergehen können, ohne den üblichen Schock auszulösen … Aber als sie mich fragt: »Fährt sie Rennen?«, und zu verstehen gibt, dass sie »diesem so schnellen Mädchen im Automobilsport gratulieren will«, versuche ich schonend vorzubeugen: »Ja, er fährt Rennen … ja, Sie können es natürlich nicht wissen, er ist ein Junge.«

Auch sie weicht zurück, auch sie ist erschrocken: »Ach, es tut mir so leid, wirklich so leid.« Wir versuchen, es auf die leichte Schulter zu nehmen, versichern ihr, dass sie nicht die Erste ist und auch nicht die Letzte sein wird … dass sie »die erste gewesen wäre, die sich nicht geirrt hätte« und dass es für Antonin kein Problem sei.

»Ja schon … es ist eher Ihretwegen als seinetwegen«, sagt sie, »ich möchte nicht, dass Sie glauben …«, sie zögert und sieht mich verlegen an …, »…ich möchte wirklich nicht, dass Sie glauben … dass ich ihn für einen zukünftigen Homosexuellen gehalten habe …«

Intermezzo: Lösungssuche

Ich erinnere mich an die Zeiten, als ich als Kind im Dunkeln im Bett lag auf der Suche nach Lösungen, die ich tagsüber nicht gefunden hatte, um meine Lego-Konstruktionen zu vollenden. Lego: mein treues, tägliches Konkretisierungswerkzeug. Das angestrengte Nachdenken in Ruhe, fern von Zeit, war nötig, weil ich nur wenige Steine zur Verfügung hatte, von unterschiedlicher Größe und Farbe; nur Grundformen von mathematischen Proportionen und ein paar raffiniertere Stücke, die jedoch noch vereinzelter waren. Ich musste herausfinden, wie ich sie neu kombinieren konnte, und meinen Vorrat neu zusammenstellen, um gangbare und realistische Lösungen zu finden angesichts des Mangels an Material und der Einfachheit der zur Verfügung stehenden Formen.

Nachdem ich meinen Helikopter oder meine Pistole mit viereckigen Kugeln konstruiert hatte, sah ich, welche Teile noch verblieben waren und was ich damit noch bauen konnte, zum Beispiel ein kleines, fast vollständiges Auto. Ich suchte einen Weg, um die Konstruktion zu vollenden, schlimmstenfalls nahm ich einen Stein von einem früheren Modell, ohne es zu zerstören. Allenfalls wurde es etwas kürzer oder ich zerlegte es teilweise, um einen Stein zu entfernen, der dort weniger wichtig war als anderswo. Wie bei allen anderen Kindern, die sich einer solchen Aufgabe verschreiben, entwickelte ich während dieser nächtlichen konkreten Arbeit, unbewusst und ohne mein Verdienst, die Fähigkeit, mental zu visualisieren und zu planen, sowie weitere Werkzeuge und Techniken, die mir heute noch alltäglich nützlich sind.

Lösungen zu finden ist das, wozu unser Hirn optimiert ist

Kinder sind Erfinder. Und Lösungssucher.

Sie suchen ohne Unterlass, stellen sich etwas vor, erfinden Auswege aus Problemen, die sie beschäftigen oder die plötzlich in den Vordergrund rücken. Während ihrer Recherchen und Nachforschungen finden sie oft Informationen, die das zunichtemachen, was sie glaubten, herausgefunden zu haben. Sie verlieren deswegen nicht den Mut, geben nicht auf, beginnen hundertmal von vorn, um gangbare Lösungen zu finden oder neue Lösungen zu suchen. Sie halten nichts für sicher, nichts für unmöglich – die wenigen Erwachsenen, die sich diese Eigenschaften erhalten haben, bewundern wir.

Das Feuer verwüstet das Dach der Kathedrale Notre-Dame in Paris. Das Kind fragt: »Warum setzen sie keine Löschflugzeuge ein?« Es hört zu und versteht, dass diese Maßnahme die aus Stein gebaute Mauerstruktur der Kathedrale zerstören würde. Während es dieser einleuchtenden Erklärung zuhört, sucht es in Gedanken nach weiteren Lösungen, sucht den Horizont dessen ab, was es sich vorstellt und was ihm bekannt ist. Es weiß, dass ein Feuer erlischt, wenn es keinen Sauerstoff mehr bekommt. Es stellt sich das Glas vor, das über eine brennende Kerze gestülpt wird und diese in wenigen Sekunden zum Erlöschen bringt. Es vergrößert dieses Bild, sucht herauszufinden, was den gleichen Effekt haben könnte bei einem so riesigen Gegenstand wie einer Kathedrale. »Sie müssten eine riesige Stahlglocke auf das Gebäude stellen«, schlägt es vor. Es sieht vor seinem geistigen Auge schon die Form, die Struktur in ihren Einzelheiten, die Haken für die Kabel, mit denen die Glocke von den Hubschraubern aus heruntergelassen wird, die Art und Weise, wie die Fuge zwischen dieser Glocke und dem Schotter abgedichtet werden kann.

Es hört den Einwand: »Bis so eine Glocke hergestellt ist, bleibt von Notre-Dame nichts mehr übrig«, doch seine Gedanken gehen schon weiter: »Eine solche Glocke müsste schon vorhanden sein, bereit für den Einsatz, wenn sie benötigt wird.«

Erwachsene begegnen den Erfindungen der Kinder oder den Lösungen, die sie vorschlagen, oft mit einer gewissen Ironie oder gar Verachtung. Sie werden so entschieden von der Hand gewiesen, dass das Kind gedemütigt wird: »Und an die Räder hast du nicht gedacht, du Dummerchen?«

Auch wenn gewisse Vorschläge naiv erscheinen mögen, sollte der kreative Geist, der dahintersteckt, honoriert werden. Dieser Geist, der nie aufgibt, der unerschütterlich an die Fähigkeit der Menschen glaubt, für jedes Problem eine Lösung zu finden, und der sich ohne Furcht, ohne Voreingenommenheit, ohne den Mut zu verlieren und ohne Fatalismus dieser Recherche widmet.

*

Ab und an geschieht es, dass das Kind eine Lösung findet, die in allen Punkten funktionsgerecht ist, nachdem es unermüdlich nachgedacht und alle Möglichkeiten durchforstet und aneinandergereiht hat. Seine Freude ist riesig und lässt auch dann nicht nach, wenn es kurz darauf herausfindet, dass andere diese Lösung schon vor ihm gefunden haben. Es empfindet diese Tatsache als Bestätigung, dass seine Nachforschungen und sein Resultat richtig waren. Eine Enttäuschung erlebt es nur dann, wenn diese seine Freude von ihm genommen und gegen das Kind abrupt gerichtet wird, indem die Erwachsenen die Erfindung des Kindes mit dem lapidaren Satz widerlegen: »Du hast gar nichts erfunden, das existiert ja schon.«

Aber doch! Es hat es doch erfunden! Gemessen an seinem Maßstab, seiner Geschichte, hat das Kind alles Stück für Stück erfunden, hat eine Lösung gefunden, die es bisher in seiner Welt nicht gab.

Ich erinnere mich an meine angestrengten Nachforschungen zum Perpetuum mobile, bevor ich im Laufe dieser Ermittlungen begriffen und mir zu eigen gemacht hatte, aus welchen Gründen es auf Erden unmöglich ist. Das Kind wird von der Idee getragen, dass alles, was noch nicht existiert oder unmöglich zu sein scheint, einfach noch nicht erfunden worden ist oder dass bis jetzt niemand die passenden Lösungen gefunden hat – und dass es diese Lücke schließen wird.

Von Erfindung zu Erfindung, von Enttäuschung zu Enttäuschung, von Begegnung zu Begegnung, von einer Entdeckung zu der anderen durchläuft das Kind im Eiltempo und ganz persönlich die Geschichte der Welt. Es wird all dem begegnen, was frühere Generationen, die denselben Weg gegangen sind, hinterlassen haben. Dieses Manna, das in seinem unvoreingenommenen Geist landet, macht es sich unverzüglich zu eigen, nimmt alles Mögliche herzlich entgegen. Wenn es nicht Jahrhunderte braucht, um einzugestehen, dass die Erde um die Sonne kreist und nicht umgekehrt, auch wenn dies nicht seinen Beobachtungen entspricht, so deswegen, weil es bei seinen Nachforschungen immer bedingungslos bereit ist, die anderen gelten zu lassen, die den Weg schon gegangen sind, die mitbringen, was sie kennen und können, die umso unentbehrlicher sind, als sie anders sind.

Das Kind sieht Unterschiede als Bereicherung. Es sucht sie ohne Furcht, geht mit offenen Armen und offenem Herzen auf andere zu, frei von Konzepten wie Hautfarbe, Geschlecht, Religion, sozialer Zugehörigkeit, Alter oder Größe. Das Kind beweist immer wieder, dass es diese Unterschiede nicht macht, während sie für Erwachsene oft unüberwindlich sind. Das Kind taucht glücklich und vertrauensvoll in den Ozean der Verschiedenartigkeit der Welt ein, den Ozean der Kenntnisse, der von Tausenden von Generationen gefüllt worden ist, vergangenen und gegenwärtigen. Ein lebendiges Sediment, zu dem alle ein bisschen beitragen, einen willkommenen Teil, einen Teil, der gepflegt und bereichert wurde von persönlichen Nachforschungen. Das Kind ist instinktiv ein Teamplayer, bewusst und willig, Wissen und Stärken, unterschiedliche, also komplementäre Kompetenzen und Begeisterung zu vereinen, um die Welt und die Dinge voranzubringen. Es weiß, dass weder unser Alter noch unsere Körpergröße noch die Anzahl unserer Fähigkeiten bestimmen, ob wir etwas zum Ganzen beitragen, ob wir unentbehrlich sind inmitten aller anderen, die ebenso unentbehrlich sind. Das Kind ist wild entschlossen, seinen Teil beizutragen, und sei es nur, dass es noch klein genug ist, um den Kugelschreiber unter dem Bett hervorzuholen, der außerhalb der Reichweite von Erwachsenen gerollt ist: Es fühlt sich ebenso nützlich für die anderen, wie die anderen ihm nützlich sind.

Das Kind taucht ohne Einschränkungen in die Unendlichkeit des menschlichen Geistes ein. Es fühlt den Rausch, gleichzeitig überall zu sein, so schnell und so weit, wie der Geist geht. Es visualisiert ganz konkrete Dinge, geht um sie herum, bringt sie in die Nachbarschaft von Erfindungen, die gerade entstehen und genauso greifbar sind. Es sieht sich schon dort, es sieht die anderen, die auch da sind, es sieht sich, wie es sich mit ihnen austauscht.

Das Kind glaubt an die Unbezwingbarkeit der Gemeinschaft der Menschen.

Du, du und ich zusammen. Du bist ein guter Läufer, sie kann gut lesen, ich kann alles reparieren.

Viel zu leicht!

Wie jeder Gitarrist habe ich meine Gitarre immer wieder in verschiedenen Stellungen gehalten, aber wie alle anderen hatte ich dabei eine Art schlechtes Gewissen, wenn es nicht die ideale Haltung war, wie sie in Lehrbüchern abgebildet steht: gerader Rücken, Gitarre im perfekten Winkel, Ellbogen und Handgelenk frei … Klar, in dieser Position kann man alles machen, aber sie ist ermüdend. Deshalb stellt man das Instrument manchmal gerne auf das andere Knie, hält den Hals horizontal, lehnt sich über die Gitarre um den Preis, dass das Handgelenk nicht im idealen Winkel ist. Ab und zu wird man ein bisschen träge, lehnt sich zurück wie auf einem Sofa, verlegt das Gewicht des Instruments auf den Brustkasten oder beugt sich darüber mit rundem Rücken anstelle der vorbildlichen aufrechten Haltung oder schlägt die Beine übereinander. Natürlich erschweren diese »abweichenden« Haltungen gewisse Bewegungen der Hände, andere hingegen fallen dabei viel leichter. Das hat mir zu denken gegeben. Könnte es sein, dass es nicht *eine* ideale Weise gibt, das Instrument, den Rücken, die Arme oder Beine zu halten, sondern unendlich viele mögliche Stellungen, die vielleicht in diesem Moment und in diesem Kontext die passendsten sind? Heute weiß ich – wie fühle ich mich befreit! –, dass wir uns bei der Wahl der Haltung, in der wir spielen, nur vom unmittelbaren Wohlbefinden, das sie uns beschert, oder durch die Dinge, die sie uns leichter macht, leiten lassen müssen. Es ist nicht nötig, dass wir uns zu einer Haltung zwingen, wenn eine bestimmte Passage in einem Stück leichter in einer anderen Haltung gespielt werden kann, die angenehmer ist.

Wie konnte ich in die Falle der absurden Bemerkung tappen: »Ah, so ist es aber viel zu leicht!«

In unserem kollektiven Halb-Bewusstsein gibt es eine Art Mahlstrom, der schwer zu entwirren ist, in dem Begriffe aufeinanderstoßen wie Routine, Langeweile, Faulheit, Anstrengung, Belohnung und Vergnügen: Begriffe, die unsere Persönlichkeit unaufhörlich zwischen Gut und Böse hin- und herziehen.

Die Dinge liegen viel einfacher: Das Gefühl, sich anstrengen zu müssen, wie wir es bei der Langeweile sehen, kommt nur auf, wenn wir tun müssen, was uns nicht interessiert, uns nicht betrifft, was unsere Gefühlswelt nicht berührt – kurz, was uns nicht begeistert.

Interessiert uns etwas nicht und müssen wir deswegen gar etwas unterbrechen oder beenden, was uns am Herzen liegt, dann spüren wir Langeweile, werden zu Drückebergern und müssen uns ziemlich anstrengen, es trotzdem zu tun, nach dem Prinzip des Esels, dem die Karotte vor die Nase gehalten wird, mit der Perspektive eines Vergnügens, das uns trösten soll, das für später versprochen wird und von dem wir hoffen, es uns nach der Anstrengung verdient zu haben. Und das doch niemals das uns bestens bekannte Gefühl ersetzen kann, das nichts anderes ist als die Kombination von Hormonen und Neurotransmittern, die die Begeisterung in uns automatisch auslöst – während der Handlung, nicht erst danach.

Hat unsere Weltordnung erst einmal
der Mehrheit der individuellen
Begeisterungen den Rücken zugekehrt,
muss sie notwendigerweise
den Begriff der Anstrengung
verherrlichen.

Als ich ein Teenager war, habe ich mich bei einigen Gitarrenbauern darüber beklagt, wie unbequem und hart die Gitarren seien, die sie mir zum Ausprobieren gaben. Sie und die anwesenden Gitarristen antworteten mir: »Das ist gut, so bekommst du Muskeln, wenn die Gitarre schwer zu spielen ist. Wenn du dann später eine bequemere Gitarre spielst, wird dir alles leichter vorkommen. Wer große Körbe flechten kann, flicht auch kleine!« Das klingt auf den ersten Blick offensichtlich, so mancher Anlauf wurde gestützt darauf genommen, und ist doch völlig absurd. Inzwischen weiß ich, dass das Gegenteil wahr ist: Je bequemer ein Instrument ist, umso weniger schreckt es Anfänger ab, umso größer ist die Chance, die anfänglichen Schwierigkeiten zu überwinden, die nächste Stufe erklimmen zu wollen und sich nicht vor ihr zu fürchten, weil es schon zu Beginn zu schwierig zu sein scheint.

Als ich auf dem Weg war, Gitarrenbauer zu werden, habe ich geforscht, studiert und alles zusammengetragen, was ein Instrument bequemer machen könnte. Oft hat man mir entgegengehalten: »Ach so, du willst eine Gitarre, die sich von selbst spielt?!« Mein Freund Jean-Paul, von Beruf Osteopath, hat mir mit zwei Bemerkungen klargemacht, dass ich auf dem richtigen Weg war. Die erste: »Man stelle sich den gegenwärtigen Weltmeister der Formel 1 vor: Wenn man ihm einen bequemer zu fahrenden Wagen gibt, wird er dann langsamer fahren? Natürlich nicht, er wird schneller und länger fahren, weil er weniger ermüdet!« Die zweite: »Bauen Sie doch diese Gitarre, die sich ›von selbst‹ spielt, und geben Sie sie mir, ich werde damit Konzerte geben.«

Wenn es um Kinder geht, wird der Wert, der dem schwierigeren Weg zugeschrieben wird, zur Besessenheit. Die meisten Erwachsenen erklären die Lösungen, die unsere Kinder aufgrund ihres angeborenen Erfindergeistes und Forschertriebes vorschlagen oder zur Lösung ihrer »Probleme« verwenden, als »zu einfach« oder »Mogelei«.

Wechseln wir hingegen die Perspektive, sehen wir das Geniale, statt darüber zu lachen. Ein Junge hatte beschlossen, beim Verkauf von Büchern anlässlich eines Vortrages mitzuhelfen. Alles war bereit für den Ansturm nach der Lesung, wenn der Autor an den Stand kommen würde, um seine Bücher zu signieren. Die für den Verkauf zuständige Person lehnte das Angebot des Jungen nicht ab, war aber leicht beunruhigt. »Bist du sicher, dass du den Preis, den die Leute bezahlen müssen, auch richtig berechnest? Es sind drei Bücher mit unterschiedlichen Preisen, da musst du viel rechnen und darfst keine Fehler machen.«

»Kein Problem«, antwortet das Kind.

Die Buchhändlerin schaut ein bisschen skeptisch und versucht, sich selbst zu überzeugen. »Hast du das schon mal gemacht?«

»Nein.«

»Brauchst du so einen Taschenrechner, wie ich ihn habe?«

»Nein, mit dem Taschenrechner bin ich zu langsam.«

»Also gut. Wir werden sehen …«

Während des Ansturms sahen alle, dass das neunjährige Kind schneller und selbstsicherer war als die Buchhändlerin an seiner Seite, was ihm eine gewisse Bewunderung der Kunden für sein Talent im Kopfrechnen eintrug.

Dabei hat der Junge gar nicht mit dem Kopf gerechnet. Seine geniale Lösung, die viel »sparsamer« war, war fehlerfrei, im Gegensatz zu allen Methoden des kontextuellen Rechnens. Er hatte drei kleine Etiketten aufgeklebt vor jedem der drei Bücherstapel. Jedem Stoß hatte er eine Nummer gegeben und neben die Nummer den Preis geschrieben. Buch Nr. 1 = 14.50; Buch Nr. 2 = 22.00; Buch Nr. 3 = 19.80. Dann schrieb er auf einen Zettel, den er vor sich hinlegte:

1 + 2 = 36.50
2 + 3 = 41.80
1 + 3 = 34.30
1 + 2 + 3 = 56.30

So konnte er auf einen Blick den Preis jeder der sieben möglichen Kombinierungsmöglichkeiten sagen, ohne zu zögern, ohne nachzurechnen und ohne Stress.

Natürlich hat ein Mensch in der Warteschlange die Methode bemerkt und als »Trick und Täuschung« bezeichnet, und statt das Genie zu anerkennen oder wenigstens die Effizienz zu loben, ist ihm nichts Besseres eingefallen, als seine Beobachtung auszuposaunen, als wäre es seine stolze Aufgabe, den Betrug von Kindern aufzuspüren: »Ah, du betrügst! Du rechnest überhaupt nicht, so ist es natürlich nur allzu leicht! Auf diese Weise lernst du nichts in Mathematik!«

Das Kind, das den einfachsten Weg zur Lösung sucht und findet, tut nichts anderes, als die Gesetze der Natur und der Physik zu respektieren. Wahr ist, dass unsere Verherrlichung *der spürbaren Anstrengung* zwei Grundprinzipien zuwiderläuft:

Die Energie, unabhängig von ihrer Menge, sucht sich immer den einfachsten Weg, den geringsten Widerstand. Ob es sich um die Tonnen von Wasser eines Flusses oder um die Millionen von Volts eines Blitzes handelt, ist dies ausnahmslos der Fall. Sie können dafür die »Hand ins Feuer legen«, wie es der Lichtbogenschweißer wörtlich tut, ohne das geringste Risiko einzugehen, denn sein Körper bietet der Elektrizität mehr Widerstand als das Metall und die Elektrode, die er in der Hand hält.

Alle Systeme des Lebendigen – mit der bemerkenswerten Ausnahme des modernen Menschen – arbeiten darauf hin, so wenig Energie wie möglich zu verbrauchen. Je sparsamer ein System mit der Energie umgeht, je weniger Energie es braucht, desto höher ist seine Überlebenschance.

Diese Feststellung ist keine Einladung zur Faulheit. Alle Kinder, alle Menschen sind in der Lage, zu gegebener Zeit erhebliche Anstrengungen an den Tag zu legen und sogar die eigenen Grenzen zu überschreiten, wenn sie von der Begeisterung getragen werden. Sie empfinden das aber nicht als Anstrengung, sind demzufolge sparsamer mit den Ressourcen und effizienter als eine Person, die sich mit einer Anstrengung martert für etwas, das in ihren Augen uninteressant ist oder jedenfalls nicht interessant genug, um eine solche empfundene Anstrengung zu rechtfertigen.

Intermezzo: Bedingungslos

Ein sechsjähriger Bruder und seine vierzehnjährige Schwester. Sie hat eine Blutkrankheit, die nur durch eine Bluttransfusion geheilt werden kann. Ihr Bruder ist einer der wenigen möglichen Spender.

Man redet mit dem Bruder darüber, erklärt ihm die Lage, fragt ihn, ob er bereit sei, sein Blut für diese Transfusion zu spenden, dass die Transfusion seine Schwester heilen kann und dass sie somit nicht sterben muss.

Der Bruder zögert nicht. Er ist unverzüglich bereit, zu tun, was seine Schwester retten kann. Er legt sich sofort auf die Liege im Arztzimmer und fragt: »Herr Doktor, wird es weh tun, wenn ich sterbe?«

Die Anwesenden haben Tränen in den Augen. Der Bub denkt, dass er sterben wird, um seine Schwester zu retten. Mit der bedingungslosen Liebe und grenzenlosen Loyalität der Kindheit ist es ihm nicht einmal in den Sinn gekommen, das Pro und Kontra abzuwägen.

Die Angst, Fehler zu machen

Das Kind sollte sich diese bedingungslose Liebe, dieses Vertrauen, diese grenzenlose Offenheit, dieses Verlangen nach allem, was groß, verschieden oder neu ist, erhalten können. Dann macht es aber eines Tages die schmerzliche Erfahrung, dass im Neuen, das seine natürliche Neugier wecken sollte, eine Gefahr lauert: das Risiko, abgefragt zu werden und die Antwort, die erwartet wird, nicht zu kennen. Was eigentlich logisch ist, wenn man sich auf einem noch unbekannten Gebiet bewegt, dem Kind aber den Eindruck vermittelt, es sei eine minderwertige Person, denn es identifiziert sich mit seiner »falschen Antwort«. So lernt das Kind, sich vor Unbekanntem in Acht zu nehmen, es zu vermeiden und die eigene Neugier als »Sünde« zu betrachten (Neugier ist ja bekanntlich der Katze Tod …)

»Ich weiß es nicht«, dieser großartige Satz, der Neuem Tür und Tor öffnet, wird zu einer Erklärung der eigenen Ohnmacht gegenüber denjenigen, die »wissen«. Man spricht den Satz nur halblaut aus, schämt sich ein bisschen und hat Angst vor den Konsequenzen. Es ist ein eigenartiger Widerspruch, dass man den Philosophen feiert, der sagt: »Ich weiß, dass ich nicht weiß«, und gleichzeitig das Kind dazu bringt, an seiner ursprünglichen Überzeugung zu zweifeln, die lautet: »Ich weiß nichts, kann aber alles lernen.«

Auch auf einem Gebiet, das dem Kind vertraut und lieb ist, das es zu kennen glaubt, ist es nicht davor gefeit, dass ihm ohne Vorwarnung eine Fangfrage gestellt wird. Fangfragen, die Kindern gestellt werden, haben wir zu einer Tradition, einer Institution erhoben. Einen Erwachsenen würden wir nie fragen, *was zwei und zwei macht.*

Ein bald zehnjähriges Kind diskutiert mit einer Erwachsenen über die französische TV-Sendung »C'est pas sorcier« (»Es ist keine Zauberei«), die sie beide interessiert. Es kennt nicht nur alle Folgen, sondern auch die ganze Geschichte der Sendung. Man könnte zur Kenntnis nehmen, wie viele Details das Kind kennt und wie genau seine Kenntnisse sind: Anzahl der Folgen, Namen des Teams, Kontext, Schwierigkeiten, die beim Drehen aufgetaucht sind, all dies zeigt, wie sehr das Kind an der Sendung hängt, wie vertraut es mit ihr ist. Das Kind präzisiert: »Von 1993 bis 2014 haben sie eine Folge pro Woche ausgestrahlt.«

Da taucht der Raubvogel aus dem Nichts auf und setzt sich auf seinen Kopf: die Fangfrage. »Ah ja, und wie viele Jahre sind das denn nun zwischen 1993 und 2014?« Eine Vollbremsung. Ein Film, der reißt. Der Gesichtsausdruck des Kindes verändert sich. Verdutzt lässt es los, was ihm so am Herzen lag, um sich der unangemessenen, schlecht kalibrierten Aufgabe zu widmen, die man ihm gerade eben gestellt hat.

Sobald uns unvermittelt eine Frage gestellt wird, vor allem, wenn sie keinen unmittelbaren Zusammenhang besitzt mit unserer inneren Befindlichkeit, erhöht sich augenblicklich der Stress und schaltet unverzüglich in unserem Gehirn den Frontallappen aus, der über besonders empfindliche Sicherungen verfügt. Das Phänomen tritt automatisch ein, ist unvermeidlich und trifft alle; es dient dazu, dass wir angesichts einer Gefahr auf die möglichst angepasste Weise reagieren. Wenn wir uns das Hirn bildlich und rein metaphorisch wie eine Zwiebel vorstellen, bei der sich nach und nach eine Schicht über die andere gelegt hat, finden wir im Inneren das Stammhirn, das so primitiv ist, dass es nur die drei berühmten Reaktionen kennt: Flucht, Angriff oder Erstarrung. Die darüber angeordneten Schichten werden immer subtiler und komplexer, je weiter man sich vom Stammhirn entfernt. Je stärker der Stress, desto größer die Anzahl der Schichten, die ausgeschaltet werden, bis als letzte Rettung nur noch die Reaktionen verbleiben, die zwar die primitivsten sind, im Allgemeinen aber auch die lebensrettenden. Jeder Mensch, dem man unvermittelt die Frage »Wie viele Jahre sind es zwischen 1993 und 2014?« stellt, wird sich außerstande sehen, zu antworten. Er wird total blockiert, obwohl die Rechnung unter normalen Umständen leichtfallen würde. Die Erklärung ist einfach: Der Frontallappen, der die Antwort auf die Frage beinhalten würde, ist abgestellt und regelrecht auf den Boden gefallen …

Das auf die Probe gestellte Kind, das die Mechanismen des Hirnes nicht kennt und nur die bodenlose Leere sieht, »irrt sich« und sagt: »19«. Die Frau nimmt die Haltung ein, die Erwachsene in solchen Situationen an den Tag legen, und sagt: »Nein, es sind 21. Siehst du, du hast noch viel zu lernen!« Das Kind ist verwirrt, bestürzt über den Fehler, den es gemacht hat, fühlt sich unterlegen, besiegt, obwohl es doch keine kriegerischen Absichten hatte. Es spürt schmerzlich, dass es ausgeschlossen ist, weil es aus dem Kreis der Wissenden soeben verstoßen worden ist.

Erwachsene machen diese Übung mit Vorliebe öffentlich, vor Zeugen, vorzugsweise vor erwachsenen Zeugen. Soll ihr generell amüsiertes Einverständnis ihre Überlegenheit unterstreichen? Ich erinnere mich, als Kind in einem Warenhaus in Paris einem Taschenspieler zugeschaut zu haben. Vor ihm standen etwa 20 Personen im Halbkreis, und ich war ganz vorne. Zwischen zwei faszinierenden Runden, während ich vollständig darauf konzentriert war, was er machte, drehte er sich plötzlich zu mir um und konfrontierte mich mit einer dieser berüchtigten »Prüfungen«. Die Frage war ziemlich einfach, das habe ich gespürt, wie ich auch gespürt habe, dass es darum ging, nicht ausgelacht zu werden von all jenen, die die Antwort kannten … Aber sie wurde mir so unvorbereitet gestellt, dass ich sofort in die Panik geriet, die man empfindet, wenn der Frontallappen sich ausschaltet und man sich am Rande des Abgrunds fühlt. Wenige Sekunden später hatte ich den Eindruck, der Taschenspieler, sonst ein liebenswerter Mensch, werfe meine Kränkung dem Publikum zum Fraß vor und profitiere von meinem unvermeidlichen Fehler für seine Vorstellung, gewissermaßen zur Erheiterung des Publikums zwischen zwei Runden. Bis zum Ende seiner Vorstellung zog ich den Kopf ein, dann kam ich wieder zu mir und die richtige Antwort fiel mir auch ein, also ging ich zu ihm hin, um sie ihm mitzuteilen, und vor allem, um ihm zu sagen: »Wissen Sie, es ist nicht so, dass ich die Antwort nicht wusste, die Frage hat mich nur zu sehr überrascht.« Seine durchaus freundliche Reaktion machte klar, dass ihn meine Erklärung nicht von seinem Weg abbrachte, sondern ihm erlaubte, seinen Sieg auszukosten: »Du hast dich geirrt, mein Junge, du hast dich geirrt, und das war's.«

Es ist nicht zwingend, dass dieses Spiel der Erwachsenen vor Publikum stattfindet. Auch im Alltag läuft die Begegnung zwischen Erwachsenen und Kindern regelmäßig so ab. Ich sehe mich noch die Treppe in unserem Haus hinuntergehen, die Gitarre in der Hand, um zum Unterricht mit unserem Freund Antonio Fenoy zu gehen. Im Flur begegnete ich dem Herrn, der einmal pro Woche hier putzte. Er sah mich vorbeigehen und fragte mich mit tatsächlichem »Wohlwollen« – so sehr ist uns diese Haltung natürlich geworden –, ob ich »Hänschen klein« spielen könne. Da ich verneinte, sagte er mir in etwas vorwurfsvollem Ton, das sei aber »ein wirklich ganz leicht zu spielendes Stück«. Ich war perplex; ein Gefühl, versagt zu haben, bemächtigte sich meiner, dabei konnte ich doch so viele andere Sachen spielen: ganze Stücke, mehrstimmige, wozu die Gitarre sich eignet. Diese Eigenschaft war es, die mich damals besonders faszinierte, während »Hänschen klein« nur eine einfache Melodie ist, ein paar Noten, eine nach der anderen, auf einer einzigen Saite. Trotzdem fühlte ich mich erniedrigt, weil ich etwas nicht konnte, statt stolz zu sein auf das, was ich schon konnte.

Die Angst vor dem Fehler, die viele Kinder lähmt, bestimmt schon, welche Erwachsenen sie einmal sein werden. Wie viele von uns haben sich selbst davon überzeugt, dass sie über Treppenwitz verfügen, diese Eigenschaft, die dazu führt, dass ihnen das, was sie hätten sagen wollen, erst in den Sinn kommt, wenn das Gespräch vorüber ist und sie schon wieder im Treppenhaus sind? Es handelt sich um nichts anderes als um den Frontallappen, der sich wieder einschaltet, wenn die Aufregung – die zum Trauma geworden ist – vorüber ist.

Vieles von dem, was wir als Fehler betrachten, definieren und verurteilen, könnte, in einem anderen Licht betrachtet, ganz anders aussehen. Kehren wir zurück zum fast zehnjährigen Kind, das sich geirrt hat über die Anzahl der Jahre zwischen 1993 und 2014. Seine Antwort, *19 Jahre*, scheint auf den ersten Blick falsch zu sein, ist aber hochinteressant. Sie zeigt auf, dass der mathematische Geist in ihm schon genug verankert war, dass das Kind trotz der Tatsache, dass sein Frontallappen außer Gefecht war, in einem tieferen Bereich des Gehirnes gespürt hat, dass das gesuchte Resultat aus den beiden Zahlen 20 und 1 zusammengesetzt zu sein hatte und dass es diese Zahlen schlicht am falschen Ort platziert hat, die 1 vor der 20 statt dahinter. Ich empfinde Bewunderung für diesen Prozess, auch wenn das »kalte« Resultat nicht richtig war.

Ein anderes Beispiel finde ich besonders spektakulär. Ein kleines Mädchen hatte »Çaufy« geschrieben statt »Sophie« (auf Französisch sind beide Schreibweisen phonetisch identisch), und die anwesenden Erwachsenen haben sich köstlich amüsiert. Einer von ihnen, überzeugt, das Publikum damit zu erheitern, sagte mit »freundlichem« Spott: »Mehr Fehler kann man beim besten Willen nicht machen, kein einziger Buchstabe ist richtig!« Das kleine Mädchen war sprachlos, verwirrt, verloren … Strahlend lächelnd war es sich sicher gewesen, dass alle zustimmen würden, versuchte nun das Problem zu verstehen, las wieder und wieder, was es geschrieben hatte und verglich es mit dem, was es schon wusste, und sah nicht ein, warum Çaufy nicht »klingen« sollte wie der Vorname Sophie, von dem sie sicher war, ihn funktionstüchtig konstruiert zu haben.

In der Tat kann niemand bestreiten, dass das, was das Kind zusammengestellt hatte, gleich »klingt« wie der Vorname Sophie. Würden wir unsere Haltung ändern, unsere Gewohnheit ablegen, uns auf die Unzulänglichkeiten zu stürzen, um unsere Macht unter Beweis zu stellen, dann wären wir in der Lage, die Schreibweise »Çaufy« anders anzusehen denn als banalen Fehler. Wir sähen die begeisternde Tatsache, dass das Kind die mechanische Funktion der Schrift vollkommen begriffen hat, dass es weiß, welche Buchstaben welchen Lauten entsprechen und wie man sie kombinieren muss, um den Laut herzustellen, den man schreiben möchte. Auch das scheint mir bewundernswert.

⁂

Und last, but not least: Die Erwachsenen haben es sich zur Gewohnheit gemacht, um jeden Preis die Lücke im Wissen des Kindes ausgerechnet in den Gebieten aufzuspüren, die das Kind begeistern. Zuerst anerkennen sie, dass sich das Kind gut auskennt. Aber statt es dabei bewenden zu lassen, machen sie sich auf die Suche nach der Frage, die das Kind nicht beantworten kann. Und wenn sie sie endlich gefunden haben, um den Preis, dass sie oft nicht ganz aufrichtig ist, dann äußern sie ihr triumphierendes »Siehst du, du weißt eben doch nicht alles!« und lassen außer Acht, dass sie sich infrage gestellt fühlen, sobald ein Kind ihnen überlegen sein könnte. Deshalb suchen sie umso zwanghafter weiter, als sie nichts finden.

Ich erinnere mich an drei junge Männer, die gleichzeitig mit Antonin auf der Gokart-Bahn waren. Sie hatten ihn beobachtet, wie er in seinem »kleinen« Kart fast ebenso schnell war wie sie in ihren »großen«. Mit einem Glas in der Hand fragten sie ihn in der Pause, ob das seine Leidenschaft sei. »Ja«, sagte er, »der Automobilsport ist meine Leidenschaft.« »Also weißt du, was ein Rallye ist?« »Ja.« »Und Endurance?« »Ja.« »Und weißt du, welches das berühmteste Endurance-Rennen ist?« »Die 24 Stunden von Le Mans.« »Und kennst du die Formel-1-Strecken?« Antonin zählt die Länder, Städte, Namen und Chronologie der Rennen in diesem Jahr auf. »Du hast Magny-Cours vergessen!« Nein, Magny-Cours gehört nicht dazu, das Rennen ist im Moment für Formel 1 nicht zugelassen.

Sie merkten, dass die Übung für sie ein bisschen riskant war, sie waren nicht mehr ganz auf dem aktuellen Stand. So verlegten sie das Verhör in ihre eigene Epoche. »Weißt du, wo Prost und Senna zusammengestoßen sind?« »In Suzuka in Japan, und zwar zweimal, 1989 und 1990.« Die Herren wurden leicht nervös: »Er ist unschlagbar …!« Einer der jungen Männer konsultiert sein Smartphone und fragt: »Wer war Weltmeister der Formel 1 im Jahr 2008?« »Hamilton«, sagt Antonin, »in der letzten Runde und nachdem Massa es während 30 Sekunden gewesen war«. »Aha! Und wer war Weltmeister der Formel E 2010?« »Niemand, damals gab es die Formel E noch gar nicht.«

Das Spiel, das niemand mit Erwachsenen treiben würde, geht noch eine Weile weiter. Die Herren bestellen noch eine Runde und lassen nicht locker, auf die Gefahr hin, öffentlich Lücken in der Allgemeinbildung zu zeigen. »Welcher französische Pilot hat dieses Jahr einen Grand Prix gewonnen?« »Keiner.« »Du hast verloren!« (endlich!). »Charles Leclerc hat dieses Jahr in Spa-Francorchamps gewonnen.« »Stimmt, er hat auch in Monza gewonnen, aber er ist nicht Franzose, er ist Monegasse.« »Monaco gehört zu Frankreich, wie Korsika.« Die Freunde, leicht verlegen, mussten ihm bestätigen, dass Monaco nicht Frankreich ist.

Das hinderte sie nicht, fortzufahren, bis schließlich einer das Handtuch warf und dem hartnäckigsten der »Kämpfer« bedeutete: »Hör auf, du siehst doch, dass er ein wirklicher Fan ist, du schaffst es nicht, ihn aufs Glatteis zu führen!«

Das ist es doch, was wir alle wissen! Das erklärt alles. Eine von Leidenschaft ergriffene Person – ich ziehe es vor, von Begeisterung zu sprechen, was zutreffender ist und uns davor bewahrt, von Leidenschaft aufgefressen zu werden – ist immer außerordentlich kompetent, was *ihr* Thema anbelangt und alles, was damit zusammenhängt. Es handelt sich um eine organische Kompetenz, um ein transintellektuelles Wissen.

Begeistert uns ein Thema, dann lernen wir nicht, sondern saugen bildlich jedes Fragment von Information, das in die Nähe kommt, in uns auf, wie ein im Entstehen begriffener Planet, der die Materie rund um sich herum anzieht und umso mehr, je größer seine Masse dank dieses Prozesses wird. So hört Lernen auf, eine Sache des Intellekts zu sein. Für Antonin ist es ebenso natürlich und organisch, das Datum des Unfalls Prost/Senna zu kennen, wie es natürlich und organisch ist, zu wissen, wo seine Hand ist.

Die Erklärung dafür ist einfach, auch wenn sie praktisch alles über Bord wirft, was wir rund um das Lernen zu wissen glaubten und praktiziert haben. Das gibt uns die Gelegenheit, ein anderes Missverständnis zu klären, das oft verhängnisvolle Folgen hat: Wir haben Lernen mit *Auswendiglernen* verwechselt.

Im Licht der neusten wissenschaftlichen Erkenntnisse scheint eines klar: Lernen gibt es nicht.

Lernen ist nicht etwas,
das wir tun.
Lernen ist etwas,
das uns passiert.

SHARK
LRS

Lernen gibt es nicht

Unser Hirn ist nicht dazu da, Informationen zu speichern, sondern, wie bereits erwähnt, um Probleme zu lösen. Nur wenn eine Information relevant ist für die Problemlösung, die uns gerade am Herzen liegt, wird sie gespeichert – und zwar für immer, und es ist nicht nötig, sie zu wiederholen oder aufzuschreiben.

Mit anderen, technischeren Worten: Eine Information wird gespeichert, wenn unsere emotionalen Zentren aktiviert sind. Sind sie es nicht, geht die Information zum einen Ohr rein und zum anderen wieder heraus. Angesichts der Fülle von spannenden Informationen, die uns zugänglich sind, ist dieser Auswahlprozess unerlässlich – und wird verhängnisvoll, wenn man uns zwingen will, etwas auswendig zu lernen, was uns gerade nicht interessiert! Eine Information dauerhaft speichern zu wollen, die uns nicht betrifft, ist ein Unterfangen, das nur scheitern kann. Weder Zensuren noch gebetsmühlenartiges Wiederholen, weder Hausaufgaben noch Belohnung oder Strafe werden uns daran hindern, sie über kurz oder lang wieder zu vergessen.

80 Prozent. So viel vergisst jeder Mensch von dem, was er lernen musste. Das ist so unerhört, dass unsere Gesellschaft die Tatsache, dass man das Gelernte wieder vergisst, akzeptabel machen musste. Nicht mehr zu wissen, zu erklären »Das habe ich in der Schule gelernt, aber es ist nichts davon geblieben«, wird voll und ganz entschuldigt. Das ist ein eigenartiges Phänomen, denn bei gleichem Resultat zu erklären »Das habe ich nie gelernt« bringt uns in Misskredit.

Das ist der Grund, weshalb Lernen nichts ist, was wir tun können, im Gegensatz zu Auswendiglernen. Lernen ist etwas, was mit uns geschieht: Was uns in Erinnerung bleibt, ist das Sediment der Überschwemmungen, die unsere emotionellen Zentren aktiviert haben. Betrachten Sie sich selbst: Die 20 Prozent, die Sie nicht vergessen haben, sind immer mit einer Emotion verbunden. Das Thema hat Sie betroffen oder war direkt oder indirekt mit etwas verbunden, was Sie betroffen hat, oder Sie waren berührt von der Person, die es vermittelte.

In keinem Gebiet sind wir »gut« oder »schlecht«, es geht nur darum, ob unsere emotionellen Zentren aktiviert sind oder nicht. Der schreckliche Satz »In Mathematik bin ich eine völlige Null«, der so schwer wiegt, weil er ein Leben lang das Selbstwertgefühl tangiert, hat aus wissenschaftlicher Sicht weder Hand noch Fuß. Der wissenschaftlich korrekte Satz wäre: »Mathematik interessiert mich nicht!« Was für eine Befreiung! Es ist weder mein Fehler noch derjenige der Mathematik – oder irgendeines anderen Faches. Es mag ja sein, dass wir für das eine oder andere Thema nicht gemacht sind, aber viel wahrscheinlicher ist, dass es nicht der richtige Moment ist, um seine Bekanntschaft zu machen. Interessiert mich die Mathematik hier und jetzt, werde ich ausgezeichnet sein in Mathematik, wie in jedem Fach, für das ich Leidenschaft aufbringe – wie in allem, was mich begeistert.

Es ist beruhigend, dass der Begriff »Einverständnis« langsam in unser Bewusstsein dringt. Was unsere Kinder betrifft, hoffen wir, dass er sich in ihnen festsetzt, wenn sie reif sind für ihr Liebesleben.

Wir arbeiten also daran, ihnen den Begriff des Einverständnisses beizubringen. Was ist aber mit ihrer eigenen Zustimmung, wenn es darum geht, was sie lernen sollen? Wo bleibt ihre Zustimmung angesichts eines Examens, der Person, die die Prüfung abnimmt, und des Themas der Prüfung?

Wie können wir hoffen, dass sie Respekt vor dem Einverständnis anderer Menschen an den Tag legen, wenn wir selbst vor der Zustimmung unserer Kinder keinen Respekt haben? Wenn wir sie täglich mit Füßen treten, bis ihr chronisches Nichteinverständnis in ihren eigenen Augen selbstverständlich wird? Wenn wir hinnehmen, dass ein Kind angesehen und behandelt wird, als sei es krank, wenn es mit all seinen Symptomen gegen das Nichtrespektieren seines Einverständnisses kämpft?

Schließlich ist es so, dass man nur auf eine einzige Art und Weise lernen kann, und zwar auf die Weise, die alle am Anfang des Lebens anwenden, um die eigene Muttersprache zu lernen. Dann, wenn die Zeit gekommen ist, bei jedem Menschen anders, unprogrammierbar. Nach einer ganz persönlichen Didaktik und Methodologie. Vor allem aber nach dem eigenen Rhythmus und den eigenen Ritualen.

Rhythmen und Rituale sind deshalb universell, weil es sie überall gibt und sie überall verschieden sind.

Während die drei Herren an der Theke der Kart-Bahn Antonin verhörten, hat sich sein Frontallappen nicht abgeschaltet. Für ihn gab es weder Stress noch Streit noch stand irgendetwas auf dem Spiel, im Gegenteil … er blieb in seiner Kraft und Ruhe, denn für ihn war das ein reines Spiel, das ihn umso mehr amüsierte, als er sich in dem Thema so gut auskannte. Er wusste, dass keiner seiner Gesprächspartner, so hartnäckig sie sein mochten, ihn beurteilen oder eichen würde, wenn er eine »falsche Antwort« liefern würde, denn er hatte seinen Sachverstand ja schon unter Beweis gestellt. Und hätte er eine Frage nicht beantworten können, so hätte er sich darüber gefreut und sie hätte sein Interesse geweckt, denn da wäre noch etwas zu entdecken und zu lernen gewesen.

Genau das ist die »Lücke«, solange wir sie nicht als beschämend betrachten: Freiraum, der neuem Wissen zur Verfügung gestellt wird.

Das ist auch der Grund, warum Antonin so gerne Quiz spielt. Er hat keine Angst vor »der falschen Antwort«, und auch wenn er die richtige Antwort kennt, prüft er sowieso alle zur Verfügung stehenden Optionen systematisch, eine nach der anderen, um die Informationen zu sammeln, die dahinterstehen. Wenn er ein »Buch, in dem du der Held bist« liest, interessiert es ihn weniger, siegreich ans Ziel zu kommen, als rückwärts zu gehen, um alle in der Geschichte möglichen Abzweigungen auszukundschaften. Hat er eine interaktive Serie entdeckt, so schaut er sich jede Folge so lange an, bis er alle möglichen Antworten und deren Konsequenzen erforscht hat. In jeder »falschen Antwort« gibt es eine Menge zu entdecken, denn selbst wenn die »falsche« Wahl zu einem Schlangenbiss führt, liefert sie bedeutende Informationen, wie zum Beispiel die Notwendigkeit, den Herzschlag nicht beschleunigen zu lassen, damit das Gift so wenig wie möglich im Körper verteilt wird.

Das Verlangen, zu lernen, die Lust, zu entdecken, und der Wunsch, zu gestalten, sind uns angeboren. Unsere Kinder kommen als Lernmaschinen zur Welt, als Forscher, als Gestalter, als Lösungssuchende. Unsere Kinder werden als Begeisterte geboren. Unsere Kinder gehen das Leben spielerisch an.

Und es dürfte keinen Grund geben, dass sich dies ändert.

Kind: Eine Person, die in realen Rennautos sitzt, auf echten Pisten regelmäßig trainiert und Rennen fährt und trotzdem ebenso viel Spaß und Begeisterung an Bord eines kleinen Autos mit zwei Lenkrädern zeigt, das langsam und passiv Runde um Runde dreht inmitten farbiger Lichter, fröhlicher Musik, Holzpferden, Kutschen, Helikoptern und anderen Fahrzeugen des Karussells, auf dem es sich befindet.
Und dann und wann ein weißer Elefant.

Die großen Rituale I: Spielen

Spielen

Wie wir gesehen haben, gelingt es uns nicht, Informationen dauerhaft zu speichern, wenn unsere emotionellen Zentren nicht aktiviert sind. Wir haben es gesehen: Sobald Lernen zur Arbeit wird, die eine Anstrengung – wie Auswendiglernen – verlangt, erinnern wir uns nur kurz oder überhaupt nicht an das »Gelernte«. Und schlimmer noch: Die ganze Angelegenheit wird dabei zu einer unangenehmen Erfahrung, vor der wir verschont werden möchten. Der Schwung des Lernens kommt uns ebenso abhanden wie die Begeisterung, die daraus geflossen ist. Doch beide, Schwung und Begeisterung, sind Teil unserer Natur.

Nichts kann unsere emotionellen Zentren künstlich aktivieren. Keine Strategie, keine Methode, keine Chemie, kein Motivator.

Es gibt eine Beschäftigung – eine einzige –, die sie sofort in Gang setzt und bis zu ihrem Ende in Gang hält, uns also in Stand setzt, zu lernen und zu werden, was ein Mensch lernen und werden kann: *Spielen.*[9]

Was ist das Erste, das ein Kind tut? Es spielt. Und würden wir es nicht unterbrechen, würde es immer weiterspielen. Es würde sich endlos, von sich aus, dem Zustand der Begeisterung widmen, im Takt seiner Rhythmen und Rituale.

Ein Fisch ist im Wasser in seinem Element. Eine Schwalbe am Himmel ist es auch. Ein Kind, das spielt, ist in seinem Element.

So entdecken wir heute, dass die nicht zu unterdrückende Neigung unserer Kinder, zu spielen, im Grunde und in der Tat eine nicht zu unterdrückende Neigung zur einzigen Beschäftigung ist, die ihnen wirkliches Lernen und Werden ermöglicht.

… Und wir hatten uns eingebildet, Spielen sei eine zweitrangige Beschäftigung, die man beliebig unterbrechen könne, die der Freizeit vorbehalten sei, die einen Gegensatz darstelle zum Ernst des Lebens und der Notwendigkeit, zu lernen.

Die großen Rituale II: Nachahmen

Nachahmen

Der Applaus nach einem Theaterstück ist ein gesellschaftliches Ritual. Handlungen nachzuahmen, denen man begegnet, ist eines der großen Rituale der Kindheit, ebenso wie Gegenstände nachzumachen, die man gesehen hat.

Das Kind ist ständig damit beschäftigt, sich »Spielsachen« zu konstruieren, die Welt, die es umgibt, zu reproduzieren, anhand unterschiedlichster Elemente, die ihrem ursprünglichen Zweck entfremdet werden. Und die jedes für sich dem Tunnel oder der Brücke, die sie vereinigt darstellen, nicht im Geringsten ähnlich sehen. Das ist ein höchst kreativer Akt.

Nachahmen und *Nachmachen* sind äußerst kreative Handlungen. Sie sind tief in uns verankert, sind wie *Spielen* und *Wiederholen* Teil unserer Natur, Teil unserer höchst organischen, universellen, grundlegenden und ältesten Rituale.

Das ist auch der Grund, weshalb Parodien uns so fesseln und uns so sehr zum Lachen bringen. Selbst wenn derjenige, der imitiert wird, weder interessant noch lustig ist, betrifft uns der kreative Akt des Imitators und befriedigt uns.

Einem Kind fällt es nicht schwer, Englisch mit fast perfektem Akzent zu sprechen. Es muss dafür nicht arbeiten, nicht üben und braucht auch keine Nachhilfestunden. Es muss nur den Akzent Englisch sprechender Personen nachmachen. Es muss sich nur der genialen Fähigkeit zur Imitation bedienen, die allen Kindern eigen ist. Eine geniale Fähigkeit, die wir hegen und pflegen und vor dem Trauma der Tabellen, der widerborstigen unregelmäßigen Verben und der Seiten voller wirklichkeitsfremder Wörter beschützen sollten, die uns weismachen wollen, die Aussprache des Englischen sei für Menschen anderer Muttersprache schwierig.

Die großen Rituale III: Wiederholen

»Wiederholung und Entwicklung«

von Arno Stern

Das kleine Kind nimmt wahr, dass etwas Ergriffenes seiner Bewegung folgt. Genau wie das derbe Berühren Klänge erzeugt, die zum erwünschten Zweck wiederholt werden, nimmt das Kind wahr, dass als Folge der Bewegung ein Gegenstand eine Spur hinterlässt. Und dieses Entstehen erfreut das Kind; es ergötzt sich an dieser Wahrnehmung und wiederholt sie auf der ihm gebotenen Fläche.

Heute lebende Kinder haben die Bequemlichkeit, über einen Stift zu verfügen. Früher war es für Kinder eine dem Zufall überlassene Gelegenheit, das Aufgefundene – den Ziegelbrocken oder einen kreideähnlichen Kieselstein, oder ein Kohlestück – zum Spurenerzeugen zu verwenden.

Dieses wertvolle Erproben war seit je als eine Besudelung verachtet. Und noch heute wird es allgemein als Gekritzel verächtlich verworfen.

Meinem Wunsch entsprechend, auf die Wichtigkeit dieses Spieles aufmerksam zu machen, habe ich diese Benennung durch eine sinngemäße ersetzt. Ich habe ihm die Benennung *Giruli* gegeben, was sich auf seine Beschaffenheit bezieht, als Spur einer schwungvollen Drehgebärde.

Meine Beschäftigung mit der Spur ließ mich auch die Folgen dieser ursprünglichen Äußerung erkennen, die von der schrittweisen

Weiterentwicklung des kleinen Kindes bestimmt werden: Die impulsive, ungebändigte Äußerung ist den motorischen Fähigkeiten angepasst.

Diese Veränderungen werden üblicherweise als Fortschritte bezeichnet, was bedeutet, dass etwas Mangelhaftes verbessert worden ist. Ich lehne diese Benennung ab, weil sie davon ausgeht, das Vorangegangene sei verwerflich und das vermeintliche Besserwerden stelle einen erstrebenswürdigen Fortschritt dar.

Das wahre Geschehen im Rahmen der Formulation ist ein Vorgang, der Bestehendes und Hinzugekommenes vereint. Das Vorangegangene wird nicht als untauglich gewordene Vorstufe angesehen. Alles Entstehende ist gültig. Ein Grundprinzip der Formulation ist, dass alles Empfundene unvergänglich der Person angehört. Der schulische Begriff von Fortschritt ist hier untauglich. Wiederholen ist ein grundlegendes Merkmal der Formulation.

Folge dieser Erkenntnis ist, dass das dem Kind angeborene Wiederholen nicht als mangelhaft verworfen wird: »Jetzt zeichnet das Kind schon wieder ein Haus! Es ist fantasielos, unbegabt, einfallsarm …«, und beflissene Erziehende bemühen sich, das Kind anzuregen. Es ist auch üblich, zu behaupten: »Das Kind stellt immer ein stereotypisches gelbes Haus dar.« Das ist eine stereotypische Denkweise.

Der Begriff von Fortschritt bedeutet, dass etwas überholt worden ist, das heißt, dass es ungültig wurde und deshalb zum Verschwinden verurteilt worden ist. Der übliche Begriff des Fortschrittes ist ein Abzug, während die Evolution ein Hinzukommen – eine Addition – ist. Diese Erkenntnis erzeugt einen neuen Blick, dem eine erneute Verhaltensweise entwächst.

Die Verachtung – oder sogar Ablehnung – des Wiederholens beruht auf dem bedauerlichen Unwissen um die Formulation. Mein Bestreben ist, die Formulation bekannt zu machen, damit jedem vergönnt ist, seine natürlichen Fähigkeiten zu entwickeln. Aus Erfahrung weiß ich, wie erfreulich die Kenntnis dieser angeborenen Fähigkeiten ist – erfreulich und überzeugend.

Ich habe die Benennung »Kinderzeichnung« oder »Kinderkunst« verworfen, denn die früh im Leben entstehende Äußerung ist nicht auf ein bestimmtes Alter beschränkt. Sie gehört dem Menschen, dem kleinen wie dem großen. Sie schließt viele bestehende Begriffe aus, darunter die Behauptung, es gäbe Begabte und Unfähige. Das Erleben der Formulation sollte zur unentbehrlichen Hygiene aller Menschen gehören. Das ist ein folgenschweres Versprechen.

Freiheit

Wir sollten auch aufhören zu glauben, Freiheit führe zu Chaos. Freiheit blüht nur wirklich auf, wenn sie an eine Struktur andocken kann, wie der Baum nur aufblüht, wenn er sein Netz von Wurzeln ausbreiten kann. Es ist die Abwesenheit von Strukturen, die zum Chaos führt.

Was sind Strukturen? Die hier gemeinten Strukturen bestehen aus Rhythmen und Ritualen, die den Rahmen darstellen, in dem die Wiederholungen gewoben werden können, nicht unähnlich der Gleichgewichtsstange eines Seiltänzers. Wiederholen, immer wieder, ohne Ende, ohne zu ermüden, ohne etwas anderes zu wünschen, mit einer Beständigkeit, die freier nicht sein könnte, aber immer in einer unmerklichen Entwicklung.

»Frei sein«

von Antonin Stern

Es geht nicht darum, Kindern alles zu gestatten, was sie wollen. Es geht darum, damit aufzuhören, Kindern all das aufzuerlegen, was sie nicht wollen.

Sicherheit

Butterbrote für das vierjährige Kind. Sein Papa will heute Abend die Aufgabe vereinfachen und nicht zu viel Besteck benutzen, also streicht er die Butter mit der Brotmesserspitze auf das Brot. Keine gute Idee. Das Kind protestiert: »Papa, für die Butter das kleine Messer.« Man könnte antworten: »Es kommt nicht darauf an, schau, am Ende sind die Butterbrote gleich gestrichen.«

Aber doch, es kommt darauf an! Für das Kind steht die Welt Kopf! Sie wackelt und wird so gefährlich wie eine Seilbrücke über einen Fluss.

❄

Als Kind hatte ich nie das Bedürfnis, die Zeit, ins Bett zu gehen, so lange wie möglich hinauszuschieben, um noch ein bisschen spielen zu können. Ich musste den Zeitplan nie als unheilvolles Fallbeil empfinden, weil ich die Gewissheit hatte, dass es sich nur um eine Unterbrechung handelte, nicht um ein Ende. Ich konnte sicher sein, dass ich das Spiel am nächsten Morgen nahtlos dort wieder aufnehmen konnte, wo ich es verlassen hatte. Man würde mich nirgendwohin bringen, niemand würde meine Lego-Farm über Nacht aufgeräumt haben.

Es war schlicht die Zeit für die »Heia« gekommen, und die Uhrzeit war Teil des Rituals, Teil dieser Struktur, die Sicherheit gibt wie eine beschützende Arche.

Das Ritual bestand aus den immer gleichen Elementen: Dass Maman und Papa da sind. Dass Papa meinen großen Plüschhund Rudi, ihn bis zur Diele werfend, einige Luftakrobatikübungen machen ließ – und ich lachte über die komischen Gesichter, welche seine langen Ohren dem Hund ob dieser Bewegungen verliehen. Eine bestimmte Decke brauchte ich. Immer die gleiche Gutenachtgeschichte aus dem gleichen Buch, die ich schon auswendig kannte. Und immer zur gleichen Zeit: um halb neun. (Meine Eltern haben nie erklärt, danach sei Sperrstunde, und sie haben mich auch nie gefragt, ob ich lieber um acht oder um neun zu Bett gehen möchte. Es handelte sich einfach um den Moment, der sich in unserem gemeinsamen Leben als meine Schlafenszeit herauskristallisiert hatte. Rhythmus. Ritual).

Manchmal fehlte ein Element des Rituals: Maman war nicht da, oder Papa fehlte, Rudi machte keine Akrobatik, die Decke war in der Wäsche oder wir waren unterwegs und hatten das Buch mit der Gutenachtgeschichte nicht bei uns. Oder, warum auch immer, es war nicht halb neun. Dann war das Ritual nicht vollständig, ungewohnt, und ich schlief nicht so leicht ein, fühlte die Sicherheit nicht, die mich normalerweise frei machte. Frei, einzuschlafen, weil alles vollständig war, von Rhythmen und Ritualen beschützt.

»Ordo ab Chao oder der Gesang des Rituals«

von Giancarlo Ciarapica

Theatermann

Tun und wieder tun, sehen und wieder sehen, nochmals hören, sich versichern, dass alles bereit ist für den Empfang einer schöneren und stärkeren Zukunft. Das Ritual ist wie ein Blätterteig, bildet einen Rahmen, in dem der Raum auf verschiedenen Ebenen besucht wird, und jede Ebene legt sich über das Feld des vorher Gelungenen. Heiter wiederhole ich meine Handlung, meine Logik, schärfe meine Intelligenz, meine Intuition, meine Wahrnehmung der Welt, erfasse das Unsichtbare, nähere mich der Beherrschung. Ich werde kompetenter, vertrauensvoller. Die Probe ist weder ein geschlossener Kreis noch ein Drehen im Kreis, sie ist eine Spirale, die nach oben führt. Ich komme nie am Punkt vorbei, den ich verlassen habe, sondern knapp darüber. Ich erhebe mich, gerechter, durch das Ritual. Ist mein Ritual festgelegt, wird es zum Stelldichein. Ich weiß, wo ich bin, warum ich da bin.

Ich lade meine Freunde, meine Mitarbeiter, meine Schüler ein, am Tanz des Rituals teilzunehmen, es zu konstruieren. Werk und Dirigent gleichzeitig, hilft es uns seinerseits, unsere persönliche Konstruktion mithilfe der Gruppenprobe zusammenzusetzen. Dank dem Ritual versichern wir uns gemeinsam unserer Anwesenheit. Wir anerkennen unsere Übereinkunft. Wir erneuern unseren Vertrag.

Mit der Bewunderung, die ich den Bewegungen der Handwerker entgegenbringe, ganz besonders denjenigen der Gerber, wiederhole ich unermüdlich meine Einladung, bis die Zufriedenheit von allen geteilt wird. Angesichts der Undurchlässigkeit der Dinge hilft uns das Ritual, zu denken, dass die Zeit eine Illusion ist, dass sie nicht beschränkt ist, dass wir mit Begeisterung und Vertrauen unsere Projekte verfolgen können in dem zeitlosen Raum, den sie uns schenkt.

Jedes Mal, wenn meine Töchter nach Hause zurückkommen, besetzen sie ihr Zimmer mit einer Präzision, die mir Bewunderung abringt. In rekordverdächtiger Zeit machen sie sich ihre Welt wieder zu eigen, richten das Universum nach ihren Bedürfnissen ein. Ihre Habseligkeiten, die wie zufällig herumzuliegen scheinen, befinden sich mit systematischer Perfektion in den immer gleichen Ecken des Zimmers.

»Papa, da bin ich!«, »Papa, es geht mir gut!«, »Ich bestätige mich mit meinem Ritual!«, »Ich lebe!«. Ich genieße das plötzliche Chaos in ihrem Zimmer, messe es am Maßstab meines Schreibtisches: ein explosiver Raum voller Stapel, aber jedes Ding an seinem Platz. Es soll vor allem niemand auf die großzügige Idee kommen, meine Denkfabrik aufräumen zu wollen. Ich würde nichts mehr finden, und abgesehen von der Verwirrung würde der Rhythmus meiner Gedanken, die Bewegung meiner Kreation samt der dynamischen Struktur der Umsetzung zusammenbrechen. Das Ritual ist die Säule, der Bezugspunkt, auf den ich mich stütze. Es hilft mir, zu wissen, wo ich stehe, ob ich auf der Stelle trete, ob ich mich entwickle: ein Werkzeug, um mich selbst zu messen. Es ist eine Antwort auf meine Fragen, es lässt sich beobachten, um sich selbst besser zu beobachten, sich einzuschätzen, sich zu analysieren, sich wahrzunehmen.

Bevor ich die Theaterwerkstatt öffne, für die ich verantwortlich bin, gehe ich um 18 Uhr auf die Terrasse des Cafés, das unserem Arbeitsraum am nächsten liegt. Ich begrüße meine Schüler, die pünktlich sind (doch, das gibt es). Für sie ist die Pünktlichkeit Teil ihres Rituals. Sie wären erstaunt, wenn ich nicht schon da wäre. Ich trinke einen Kaffee, um mich zu akklimatisieren, so verfüge ich über die Energie und die nötige Konzentration, die ich für das gute Gelingen der heutigen Werkstatt brauche. Um 18 Uhr 20 mache ich mich auf zum Arbeitsraum. Ich bereite alles für den Empfang der Teilnehmer vor, vergewissere mich, dass alles in Ordnung ist und funktioniert; das erleichtert einen angenehmen und herzlichen Empfang der Schauspielerinnen und Schauspieler, die bald eintreffen werden. Wenn um 18 Uhr 40 alles installiert ist, wärme ich mich 10 Minuten lang auf und entspanne mich dann, bis der erste Teilnehmer eintrifft. Um 19 Uhr beginnt die gemeinsame Aufwärmrunde ohne diejenigen, die sich verspäten (doch, das gibt es auch. Die Verspätung ist deren Ritual …) Die Nachzügler betreten den Raum in »andächtiger« Stille und integrieren sich in unsere theatralische »Sakralisation«.

Die erste Aufwärmrunde legt die Basis: Dauer und Abfolge der pädagogischen Elemente, die berührt werden, sind jeden Abend gleich. Auf diese Weise bekunden wir unseren gemeinsamen Wunsch, zusammen zu sein und zu arbeiten, ermutigt von der wiederkehrenden Strenge unseres Ausdrucks. Wir bilden denselben Kreis im Raum, in gleicher Größe, und alle fügen sich in diesen Kreis ein, jeder an seinem Platz. Dann, wenn wir aufeinander abgestimmt sind, wenn wir aufgenommen haben, wo wir sind und warum, können wir uns von diesem ersten Ritual lösen und uns auf andere Weise aufwärmen zur Befreiung der Vorstellungskraft, des Loslassens, zur Optimierung der Kreativität. Auf diese Weise verirren wir uns nie, wie der Punkt in der Mitte des Kreises, wir wissen, wo wir sind, und das Abenteuer kann beginnen. Weder Zwang noch Tick, weder Manie noch Gewohnheit, noch viel weniger Aberglaube; es geht schlicht darum, die Achse und die Mitte wiederzufinden, um den Weggefährten die Reise zu erleichtern, ein freiwilliger Aufruf zur Ordnung, den alle miteinander gewählt haben.

Am Ende verabschieden wir uns regelmäßig auf die gleiche festliche Art. Regelmäßig heißt, dass alles in Ordnung ist, dass alles gut geht und dass wir die nächste Begegnung erwarten.

Ich habe vorher von der Abweichung vom Ritual gesprochen, auch das ist ein Ritual. Wenn das Ziel erreicht ist, ist es Zeit, vom ersten Ritual abzuweichen, um ein neues zu erfinden und sich weiterzuentwickeln.

Ach ja, ich habe meine Küche erweitert, verstaue meine kleinen Löffel nicht mehr am gleichen Ort, so ist es auch praktischer.

Der Unterschied zwischen Ritualen, Ticks und (schlechten) Angewohnheiten

Mit den Fingern in der Nase zu bohren ist eine schlechte Angewohnheit. Sich am Kinn zu kratzen, wenn man vor Publikum spricht, oder alle paar Worte ein »eigentlich« einzufügen, ist ein Tick, der uns nicht bewusst ist und den wir nicht kontrollieren. Die eine wie die andere Gewohnheit sind Parasiten, die von unserem Willen unabhängig geworden sind und in beiden Fällen ein Unbehagen verdecken sollen.

Das Ritual hingegen taucht nur auf, wenn wir uns vollkommen wohlfühlen. Die Vorgänge des Rituals werden bewusst zelebriert, vollkommen gewollt, auch wenn sie manchmal wie ein Reflex wirken. Während Ticks und schlechte Angewohnheiten uns zu unwissenden oder wehrlosen Opfern machen.

Ticks und schlechte Angewohnheiten tun uns meistens nicht gut. Das Ritual tut uns immer gut.

Coda

Bisher war in diesem Buch viel von der Kindheit die Rede. Ganz einfach deshalb, weil die Zukunft der Welt mit der Kindheit beginnt, so wie die Geschichte eines jeden von uns. Daran sollten wir denken. Vor allem in diesen Zeiten, in denen wir uns wünschen, dass die Welt sich verändern möge, dass die Menschheit sich selbst gegenüber mehr Respekt zeige, die Ressourcen und die Umwelt schone, das Leben schütze und den Frieden. Wir möchten, dass sie sich des Klimas annimmt, des Wassers, der Biodiversität, der Bäume, der Insekten und der großen Säugetiere: Aber zu hoffen, diese Veränderung könne geschehen, ohne dort zu beginnen, wo jedes Mitglied der Gesellschaft beginnt, ist eine Illusion. Die Gesellschaft kann sich nur verändern, wenn sie die Art und Weise weiterentwickelt, in welcher sie mit der wertvollen und oft nicht anerkannten Ressource umgeht, die mehr als alle anderen das Werden der Gesellschaft bestimmt: der Kindheit.

Wir denken heute über uns selbst, was andere von uns dachten, als wir Kinder waren.

Wir entsprechen heute noch dem Blick, den die anderen auf uns gerichtet haben, als wir klein waren.

Wir sind so geworden, wie man uns gesehen hat. Es ist ebenso verhängnisvoll wie unvermeidlich, dass wir unsere Kinder auf dieselbe Weise betrachten, wie wir betrachtet worden sind, und dass sie ihrerseits so werden, wie wir sie sehen.

Sie *anders* zu sehen, nicht zuzulassen, dass unsere Auffassung von Kindheit ihre Individualität auffrisst, diese transgenerationale Kette zu lösen, uns von der Diskriminierung aufgrund ihres Alters zu befreien: Das ist es, was uns erlauben wird, alles zu verändern – in einer einzigen Generation. Von unseren Chimären befreite Kinder werden der Welt eine neue Energie einhauchen, eine neue Logik, wenn sie groß geworden sind. Doch kann das nur geschehen, wenn wir in eine neue Haltung gehen. Diese Veränderung beginnt in uns selbst und beinah unbewusst, wenn wir auf die andere Seite des Spiegels treten und die Kindheit von der Seite des Vertrauens aus betrachten. Das ist nicht schwierig: Ein kleiner Schritt und schon sind wir dort. Dieses Buch zeigt Elemente auf, die wir nicht mehr übergehen können, wenn wir das nächste Mal einem Kind begegnen – und sei es bloß das verletzte Kind in uns selbst – und es ist gleichzeitig eine Einladung, auf diese andere Seite des Spiegels zu gehen. Ich bedanke mich dafür, dass Sie diesen Schritt für die Dauer der Lektüre gemacht haben, und hoffe, dass einige Leserinnen und Leser unter Ihnen den Wunsch verspüren werden, etwas länger auf dieser Seite des Spiegels zu verweilen. Jeder Augenblick, den wir aufseiten des Vertrauens verbringen, ist ein Segen für die Kindheit – und für die Menschheit.

Die neue Haltung des Vertrauens, die den allgemeinen Misstrauensantrag ersetzt, mit dem wir der Kindheit begegnet sind, kann gegenüber allen Menschen eingenommen werden, also auch uns selbst gegenüber. Ohne Anstrengung, ohne Ausbildung, ohne Methode.

Es genügt zum Beispiel, zu wissen, dass jeder Mensch seine eigenen Rhythmen hat und dass sie alle stichhaltig sind. Dass diese zu respektieren eine wirksamere Weiterentwicklung garantiert, auch wenn sie langsamer zu sein scheinen mag. Dass, wenn wir an einer

Raupe ziehen, damit sie schneller wächst, sie nichts tut als auseinanderzubrechen und zu sterben. Dass die Energie immer den Weg des geringsten Widerstandes sucht.

Nicht alle Menschen verwandeln sich bei jedem Vollmond in Werwölfe, aber jeder hat seine Zyklen. Sie zu durchschauen ist hilfreich, so wie es hilfreich ist, bei sportlichem Training zu wissen, dass ein Bruch eintreten wird, dass er eine gewisse Zeit dauern wird, dass er allen mal passiert, dass er ziemlich schnell vorübergeht und uns nach der Überwindung stärker macht. Allein die Tatsache, dass wir dies wissen, befreit uns von Anfang an, weil wir das Licht am Ende des Tunnels sehen und nicht das Gefühl haben, eine Höhle ohne Ausgang zu betreten.

Nun wissen wir, dass unsere großen und kleinen Rituale die Struktur bilden, in der unsere Freiheit wurzelt. Zu lange haben wir geglaubt, unseren Kindern »nicht alles erlauben« zu dürfen, weil sonst »Chaos entsteht«. Doch so, wie uns selbst unsere Rhythmen und Rituale lieb sind, sind sie es auch den Kindern, die sich auf die Suche danach machen, sobald wir ihnen ohne Misstrauen begegnen und ohne vorgefasste Meinungen, in die wir sie pressen. Sie werden die Rhythmen und Rituale der Welt, der Gemeinschaft, der Familie, sowie diejenigen, die sie selbst erfunden haben, vollziehen wollen, weil alles, was regelmäßig und identisch wiederkehrt, was nicht überrascht und nicht gefährdet, Geborgenheit vermittelt. Und dadurch eine vertraute Basis, einen Nährboden und die Gelegenheit bietet, Wurzeln zu schlagen, in diesem sicheren Hafen anzukommen, von dem aus wir in die große weite Welt ziehen können.

Um etwas zur Gewohnheit zu machen, genügt es, daraus ein Ritual zu machen. Oder es zum Element eines Rituals werden zu lassen. An den Ritualen halten wir unverrückbar fest, ohne uns Zwang anzutun. Wir brauchen dazu den großen Hammer der Disziplin nicht mehr. Zu lange schon haben wir Freiheit und Disziplin als Gegensätze betrachtet. Rhythmen und Rituale befreien uns von diesem Antagonismus. Das Ritual wird getragen von einem klaren Willen, einem mühelosen Engagement, weil es sich auf einen Rhythmus stützt, der ebenso offensichtlich ist wie das Wechselspiel zwischen Tag und Nacht. Das Ritual hat den Anschein von Disziplin, aber einer Disziplin, die von innen kommt ohne den Zwang, den wir mit ihr verbinden, wenn sie von außen kommt, wie eine enge Hülle, die man uns überstülpt.

Niemand weiß, wie mein Schreibritual aussieht, denn es ist eben Teil davon, dass ich dabei alleine bin. Dass aber Schreiben Teil meines Morgenrituals ist, weiß jeder in meinem nahen Kreis, und nicht nur wird dies von allen respektiert, sie haben es in ihren alltäglichen Rhythmus integriert, haben mein Ritual zu einem Element ihres Rituals gemacht. Somit schenken sie mir eine »passive« Unterstützung zur Einhaltung meines Rituals.

Gibt es eine außergewöhnliche Programmänderung, so kann man meistens den neuen Tagesablauf gemeinsam so gestalten, dass alle *trotzdem* ihre Sequenz vervollständigen können: Niemand stellt ihre Wichtigkeit oder Relevanz infrage, und jeder versucht zu vermeiden, eine Ausnahme machen zu müssen oder beim Gegenüber zu veranlassen.

Die erste Stunde jedes Tages widmet meine Schwester ihren Tanzübungen. Niemand spricht oder ruft sie an, bevor sie damit fertig ist. Da sie es jeden Tag um dieselbe Zeit macht, ist es für die ganze Familie leicht, zu wissen, ab wann sie wieder ansprechbar ist.

Mein Großvater mütterlicherseits – der mir jeden Abend den Rücken kratzte, ein »Floh und Stroh« genanntes Ritual – machte, seiner italienischen Abstammung getreu, nach dem Mittagessen eine halbe Stunde »Siesta« im Wohnzimmer auf einem Sessel. Wir Enkelkinder hatten es verinnerlicht, nach dem Essen still zu sein und das Wohnzimmer nicht zu betreten, unabhängig von der Uhrzeit, da diese, der ebenfalls italienischen Tradition der großen Tische und langen Mahlzeiten zufolge, veränderlich war.

Jene Person hat, wenn sie ausgeht, eine Vorliebe für ein gewisses Getränk, nämlich Apfelsaft, verlängert mit Leitungswasser. In einem bestimmten Café kennt man sie gut. Wenn bestellt wird und sie an die Reihe kommt, sagt die Kellnerin oder der Kellner immer: »… und für Sie wie gewohnt?« Es ist so erleichternd, sich nicht rechtfertigen zu müssen dafür, dass man Leitungswasser möchte.

Wenn ein gewisser Kunde in sein Stammrestaurant geht, wird, während er noch dabei ist, sich zu setzen, stillschweigend das Fischbesteck von seinem Tisch entfernt, denn man weiß, er ist Vegetarier.

Auch in dieser Unterstützung zur Einhaltung unserer Rituale und Rhythmen zeigen sich die Menschen um uns herum in der dienenden Rolle.

Rituale machen es unnötig, sich ständig überwinden zu müssen, um gewisse Dinge »so regelmäßig wie möglich« zu tun: Man empfindet ein Manko, ein Ungleichgewicht, es fehlt etwas, wenn sie nicht ausgeführt werden – mit Vorliebe auf die Art und Weise und in den Momenten, die rituell geworden sind. Man fragt sich nicht mehr: Habe ich die Tür auch wirklich abgeschlossen? Man ärgert sich nicht mehr darüber, wieder einmal nicht diszipliniert genug gewesen zu sein, als man den Schlüssel drehte. Mein Vater hat mir eines Tages gesagt, dass er ein so präzises Ritual habe, wenn er aus dem Haus gehe, dass die bloße Tatsache, sich bereits auf der Straße zu befinden, ihm erlaubte, absolut sicher zu sein, dass er die Tür abgeschlossen hatte.

Ob man, wenn man trinkt, daran denkt, dass das Wasser *aus dem tiefsten Inneren des Universums und der Zeit* stammt oder ob man *Yoga vor dem Frühstück* macht: Es ist nicht mehr nötig, dass wir uns anstrengen, daran zu denken; das Ritual verwandelt die Dinge in einen integralen Bestandteil unseres Lebens – und nur wirklich außerordentliche Umstände bringen uns dazu, davon abzuweichen, immer in der Gewissheit, am nächsten Tag wieder dazu zurückkehren zu können. Wer sich von klein auf vor dem Essen die Hände gewaschen hat, fühlt sich nicht wohl, wenn er mit ungewaschenen Händen am Tisch sitzt.

❄

Neben den »großen« Ritualen der Welt gibt es also all die »kleinen« Rituale, deren Entstehung spontan gewesen zu sein scheint. Und auch gibt es diejenigen, die wir erfinden oder bewusst in unser Leben integrieren können, vorübergehend oder für immer. Die Pflanzen jeden Samstag zu gießen schützt sie vor dem Vergessenwerden und uns vor der Qual des Zweifelns. Liegt uns ein wachsender Haufen nicht abgelegter Dokumente seit Wochen auf dem Magen, so schmilzt er doch irgendwann dahin, wenn wir das Ritual einführen, täglich drei Dokumente abzulegen.

Das Ritual befreit uns von der Quantität zugunsten der Regelmäßigkeit. Ein guter Freund, Verleger von Beruf, erklärte mir kürzlich, dass ihn das Gegenlesen einer Übersetzung seit Wochen belastete, weil er nie die drei bis vier Stunden am Stück fand, welche er brauchte, um sich in diese Arbeit zu vertiefen. Auf meinen Vorschlag, es sich zum Ritual zu machen, jeden Tag eine halbe Stunde zu lesen, erwiderte er etwas, das wir uns alle an dieser Stelle intuitiv vorstellen: »Aber in einer halben Stunde schaffe ich manchmal nicht mal eine halbe Seite!«

Doch genau das ist der Punkt. Das Ritual befreit uns von der Notwendigkeit, eine Quantität von Arbeit – von Seiten – zu liefern. Die Regelmäßigkeit garantiert, dass wir jeden Tag vorankommen. An manchen Tagen werden wir drei Seiten durchlesen, an anderen Tagen werden wir innerhalb der halben Stunde nur einen einzigen Satz überarbeitet haben. Die Regelmäßigkeit macht es möglich, dass wir ohne Sorge um das tägliche Ergebnis diesem einzigen Satz die ganze Zeit gewidmet haben, deren er bedarf, um wirklich gut zu werden – was wir nicht getan hätten, wäre er in einer auf Biegen und Brechen zu erreichenden Quantität verdünnt gewesen. Und da der Fluss dem Ritual innewohnt, brauchen wir uns keine Sorgen zu machen, ob wir in der halben Stunde »in den Fluss kommen«: Der Takt des Rituals bringt den Fluss, den Rhythmus, automatisch mit.

Das Ritual befreit uns von der Willkür des Sporadischen. Mein guter Freund hat später diesen Satz geschrieben: »Die Vorstellung, sich täglich eine halbe Stunde mit etwas zu beschäftigen, verändert die ganze Perspektive. Die Zuversicht, morgen und übermorgen und überübermorgen wieder diese halbe Stunde zu haben, bringt Frieden und Harmonie.«

Es gibt eine Lebensweisheit, die wunderbar zu unserer Neigung zu Ritualen passt: Steter Tropfen höhlt den Stein. Ein Eimer Wasser von Zeit zu Zeit hat nicht die gleiche Wirkung.

❇

Jeden Morgen meditieren. Jeden Abend nacheinander eine Viertelstunde sprechen, während der andere zuhört. Jeden Dienstag zu zweit auswärts essen gehen und dann ins Kino. Rituale einzuführen ist leicht.

Sie stellen die einfachste, natürlichste Art und Weise dar, Dinge, die uns guttun, in unser Leben einzubauen, ohne uns von einer Disziplin unterjochen zu lassen, mit der wir sowieso gerne Katz und Maus spielen. Die Nähe der Rituale zu den Zyklen der Natur macht sie organisch und damit uns vertraut.

Ich denke, dass Sie nach der Lektüre dieses Buches Ihren eigenen Ritualen und denjenigen der Kindheit mit einem neuen Blick begegnen werden – und mit der Freude, einem dieser Dinge begegnet zu sein, die dadurch, dass sie uns eine Friedenszone, einen geschützten Hafen schenken, uns sicherer und kreativer machen.

Und freier, unsere wahre Natur auszudrücken.

Dank

Kürzlich hat mich ein Journalist, der ungewöhnliche Fragen stellte, gefragt, ob ich den Eindruck habe, zu wissen, wozu ich auf der Welt bin. Ich antwortete ohne Zögern: »Weil meine Söhne mich so sehr wollten.«

Ich danke ihnen dafür. Sie sind, wie alle Kinder dieser Welt, eine tägliche Quelle der Inspiration.

Gleich wie mein Papa, meine Maman, meine kleine Schwester.

Und all die Menschen, die mich jeden Tag dazu bringen, besser sein zu wollen, konsequenter – und noch sicherer, nur eines zu wissen: dass ich nicht weiß.

Pauline, meine Frau.

Unsere Freunde von der Kart-Bahn: Jean-François und Christine, aber auch Baptiste und Maxim.

Jacques Greys, Anne Loustaunou-Greenberg, Delphine Joubert.

Werni und Cecilia Schär, Erwin Wagenhofer und Sabine Kriechbaum, Gerald Hüther, Giancarlo Ciarapica, Ken Robinson, Katia Saalfrank, Kurt Aeschbacher und natürlich Sophie Rabhi.

Meine liebe Übersetzerin Irène Maeder, die mir nie aus dem Sinn geht, wenn ich schreibe, egal ob ich es auf Deutsch oder auf Französisch tue. Ich weiß nur zu gut, wie schwierig es ist, sowohl den Sinn als auch die Form, den spezifischen Stil und die Stimmung eines Autors von einer Sprache in die andere zu übertragen. Die Einzige, die das mit meinen Texten schafft, ist Irène. Dank ihrer Arbeit muss ich mir nie mehr Sorgen machen, in welcher Sprache ich mich gerade versuche: Am Ende ist alles aus einem Guss.

Es liegt mir sehr am Herzen, hier der unglaublichen Gitarristin Marina Krupkina zu danken, deren Musik mich in der Zeit der Entstehung dieses Buches begleitet hat – und dies weiterhin tut.

Für ihre umsichtige Arbeit an diesem Buch und für das Verständnis, das sie dafür hatte, möchte ich an dieser Stelle Petra Dorn ganz besonders danken – aber auch dem ganzen Beltz-Team.

Und last, but not least: Mein zärtlichster Dank geht an all jene, die mich jeden Tag unterstützen, mein kleines, unabdingbares und geliebtes Team: Silvia, Aleksander, Izabella, Edith, Charlotte, Amadeus, Sylvie, Dominika und Teresa.

Anmerkungen

1. Marek Kaczmarzyk: Strefa napięć
2. André Stern: Begeisterung
3. Science & Vie Nr. 1226, November 2019, Seite 81
4. Dazu schreibt seine Mutter, meine Frau Pauline: »Ich erinnere mich, wie er genau unter einem Fensterrahmen einparkte. Er war noch keine drei Jahre alt und hatte in wenigen Stunden das begriffen, wofür ich während meiner Fahrstunden Wochen brauchte, als man mich davon überzeugen wollte, dass das Einparken eine komplizierte Angelegenheit sei …«
5. André Stern, »… und ich war nie in der Schule«
6. »Shared attention is extremely common. In stadiums, public squares, and privite living rooms, people attend to the world with others. Humans do so across the senses – sharing the sights, sounds, tasts, smells, and textures of everyday life with one another.« Autor ist der Psychologe Garriy Shteynberg: https://www.researchgate.net/publication/271503324_Shared_Attention
7. https://www.sciencedaily.com/releases/2020/200109163956.htm
8. Die Bindungstheorie ist eine Richtung der Psychologie, die sich mit einem spezifischen Aspekt der zwischenmenschlichen Beziehungen beschäftigt. Sie geht davon aus, dass das Kleinkind eine Bindung zu mindestens einer Person, die sich konkret, kohärent und stetig kümmert (»Care-Giver«), aufbauen muss, um sich emotional und sozial normal entwickeln zu können. Diese Theorie wurde vom Psychiater und Psychoanalytiker John Bowlby aufgestellt, nach Arbeiten von Winnicott, Lorenz und Harlow.
9. André Stern: Spielen

Zum Weiterlesen

Stern, André: Begeisterung: Die Energie der Kindheit wiederfinden. München: Elisabeth Sandmann, 2019

Stern, André: Spielen, um zu fühlen, zu lernen und zu leben. München: Elisabeth Sandmann, 2016

Stern, André: Werde, was du warst: Manifest für eine Ökologie der Kindheit. Wals b. Salzburg: Ecowin, 2016

Stern, André: … und ich war nie in der Schule: Geschichte eines glücklichen Kindes. Freiburg: Herder, 2013

Stern, André: Mein Vater – mein Freund: Das Geheimnis glücklicher Söhne. München: Zabert-Sandmann, 2011

Hüther, Gerald/Stern, André: Was schenken wir unseren Kindern? Eine Entscheidungshilfe. München: Penguin, 2019

Wagenhofer, Erwin/Kriechbaum, Sabine/Stern, André: alphabet: Angst oder Liebe. Wals b. Salzburg: Ecowin, 2013

Bach, Richard: Frettchen zur See. München: Ullstein, 2002

Bach, Richard: Frettchen in den Lüften. München: Ullstein, 2003

Gaigg, Daniela/Syllaba, Linda: Die Schimpf-Diät: In 7 Schritten zu einer gelassenen Eltern-Kind-Beziehung. Weinheim und Basel: Beltz, 2019

Graf, Danielle/Seide, Katja: Das gewünschteste Wunschkind aller Zeiten treibt mich in den Wahnsinn. Der entspannte Weg durch Trotzphasen. Weinheim und Basel: Beltz, 2016

Graf, Danielle/Seide, Katja: Das gewünschteste Wunschkind aller Zeiten treibt mich in den Wahnsinn. Gelassen durch die Jahre 5 bis 10. Weinheim und Basel: Beltz, 2018

Graf, Danielle/Seide, Katja: Das gewünschteste Wunschkind aller Zeiten treibt mich in den Wahnsinn. Das Geschwisterbuch. Weinheim und Basel: Beltz, 2020

Hüther, Gerald: Männer – Das schwache Geschlecht und sein Gehirn. Göttingen: Vandenhoeck & Ruprecht, 2016

Hüther, Gerald/Weser, Ingeborg: Das Geheimnis der ersten neun Monate: Reise ins Leben. Weinheim und Basel: Beltz, 2015

Juul, Jesper: Respekt, Vertrauen & Liebe. Was Kinder von uns brauchen. Weinheim und Basel: Beltz, 2020

Juul, Jesper: Essen kommen. Familientisch – Familienglück. Weinheim und Basel: Beltz, 2017

Kaczmarzyk, Marek: Strefa napięć. Gliwice: Wydawnictwo Element, 2020

Mierau, Susanne: Frei und unverbogen. Kinder ohne Druck begleiten und bedingungslos annehmen. Weinheim und Basel: Beltz, 2021

Renz-Polster, Herbert/Hüther, Gerald: Wie Kinder heute wachsen: Natur als Entwicklungsraum. Ein neuer Blick auf das kindliche Lernen, Fühlen und Denken. Weinheim und Basel: Beltz, 2013

Saalfrank, Katharina: Kindheit ohne Strafen. Neue wertschätzende Wege für Eltern, die es anders machen wollen. Weinheim und Basel: Beltz, 2017

Stern, Arno: Das Malspiel und das Leben. Klein Jasedow: Drachen Verlag, 2018

Stern, Arno: Das Malspiel und die Kunst des Dienens. Klein Jasedow: Drachen Verlag, 2015

Stern, Arno: Wie man Kinderbilder nicht betrachten soll. München: Zabert-Sandmann, 2012

Stern, Arno: Das Malspiel und die Natürliche Spur. Klein Jasedow: Drachen Verlag, 2005

Links

www.andrestern.com

www.arnostern.com

www.oekologiederkindheit.com

www.alphabet-film.com

www.instagram.com/andresternofficial

Über den Autor

André Stern ist Autor, Journalist, Musiker, Gitarrenbaumeister und gefragter Referent. Seine Bücher erschienen in vielen Sprachen. 1971 in Paris geboren, lebt er mit seiner Familie in der Nähe von Poitiers in Frankreich. Als Sohn des Forscher- und Pädagogenpaars Arno und Michèle Stern wuchs André Stern ohne Schule auf. Von dieser Erfahrung berichtet er in zahlreichen Vorträgen und Workshops und in seinen Büchern *… und ich war nie in der Schule – Geschichte eines glücklichen Kindes* und *Mein Vater, mein Freund*. André Stern ist verheiratet und Vater zweier Söhne.

Als Freibildungsexperte engagiert er sich international (Europa, USA, Kanada, Afrika, Indien) an der Seite von zukunftsorientierten Akteuren der Bildungslandschaft. Außerdem leitet André Stern das »Institut Arno Stern« und initiierte die Bewegung »Ökologie der Kindheit«. Er ist einer der Protagonisten in *Alphabet*, dem Film von Erwin Wagenhofer, und Co-Autor des gleichnamigen Buches.

www.andrestern.com

Jenseits von Rosa und Hellblau

Wir haben feste Erwartungen an die Geschlechterrollen, die Jungen zu erfüllen haben. Noch immer sollen sie stark sein, ab einem gewissen Alter lieber nicht mehr weinen und keine Röcke tragen.

Der Feminist, Journalist und Vater Nils Pickert hat ein leidenschaftliches, gedanklich präzises und berührendes Plädoyer für die Freiheit von Geschlechterrollen in der Erziehung unserer Söhne geschrieben. Er beschreibt, wo diese Männlichkeits-Normierung beim Spielzeugkauf, auf dem Schulhof oder im Gefühlsleben stattfindet und wie sehr sie Jungen in ihrer Entfaltung schadet. Der Autor zeigt, wie sehr viele Jungen Fürsorglichkeit und Puppen lieben – und brauchen. Es gibt eine unendliche Vielfalt an Wegen, vom Jungen zum Mann zu werden. Wie Eltern ihre Söhne dabei unterstützen können, schildert Nils Pickert mit vielen Hinweisen und Beispielen.

»*Für mich ist* Prinzessinnenjungs *ein echter Augenöffner.*«
Christopher End, bindungsträume

Nils Pickert
Prinzessinnenjungs
Wie wir unsere Söhne aus der Geschlechterfalle befreien
Klappenbroschur
254 Seiten
ISBN 978-3-407-86587-8

Grenzen, die Familien stärken

Was können Eltern ganz konkret tun, wenn sie sich auf dem Spielplatz fast die Füße abfrieren und ihr Kind allen freundlichen Bitten zum Trotz partout nicht nach Hause will? Wie können sie den Frust ihres wütenden Kindes annehmen und begleiten, ohne die eigenen Grenzen zu überschreiten? Nora Imlau ist eine der wichtigsten Stimmen in der deutschsprachigen Erziehungslandschaft. Für einen der Brennpunkte bedürfnisorientierter Erziehung bietet sie neue, überraschende Lösungen.

Sie zeigt, dass Grenzen weder hart noch autoritär sein müssen und dass sie zu wahren nicht automatisch Zwang bedeutet, sondern vor allem wohltuende Klarheit. Sowohl für die Eltern als auch für ihre Kinder. Autonomiephasen, Stress beim Einkaufen und in der Schule, der gesellschaftliche Druck, wenn Eltern Grenzen so ausdrücken, wie sie es für richtig halten – bei alldem unterstützt die Erziehungsexpertin Mütter und Väter anhand vieler Tipps und Übungen sowie Hintergrundwissen aus Psychologie und Wissenschaft.